Der Kaffee.

Dessen Kultur und Handel.

Vortrag

gehalten am 26. Oktober 1886

im

kaufmännischen Verein München

von

Adolf Brougier

(in Firma Franz Kathreiner's Nachfolger, München).

Mit einem Anhang

über den

Terminhandel im Kaffeegeschäft.

München 1889.

Druck von R. Oldenbourg.

Vorwort.

Der hiesige kaufmännische Verein, welcher alljährlich während des Wintersemesters eine Anzahl Vorträge veranstaltet, hat s. Zt. auch an mich die Aufforderung gerichtet, ein Thema zu behandeln, welches, dem Handelsleben direkt entnommen, Interesse für weitere Kreise hat. —

Dieser Aufforderung Folge leistend, habe ich als Thema den Artikel „Kaffee" gewählt, einerseits, weil mir die Verarbeitung desselben, nachdem ich seit circa 30 Jahren im Kaffee- bezw. Kolonialwaaren-Handel stehe, am leichtesten schien und andererseits in der Annahme, dass das Interesse für dieses, in der gesamten Welt beliebte Genussmittel ein allgemeines sei. — Dies scheint, dem ausserordentlich regen Besuch des Vortrags nach zu schliessen, der Fall gewesen zu sein.

Inzwischen sind wiederholt Aufforderungen an mich ergangen, diese Abhandlung in Druck legen zu lassen. Nachträglich habe ich mich entschlossen, diesen Wünschen zu entsprechen, hauptsächlich auch, um diese Broschüre den Geschäftsfreunden meiner, bezw. unserer Firma anlässlich des Jahreswechsels gratis zu überreichen.

Die Original-Photographien, nach welchen die der Schrift beigefügten Autotypien hergestellt sind, wurden mir von den Herren Volkart Brothers in Colombo,

Bombay etc. (Stammhaus Winterthur) und von den Herrren Schöffer & Cie. in Rotterdam überlassen; ebenso verdanke ich genannten Firmen eine Reihe von Daten, die ich verwerthete.

Ganz besonders bemerke ich, dass diese Abhandlung nicht eine wissenschaftliche sein soll und auch auf Vollständigkeit keinen Anspruch machen kann. Mein Wunsch ist nur der eine: Möge sie dazu beitragen, über diesen wichtigen Handelsartikel weiteren Kreisen Klarheit zu bringen, zu Nutz und Frommen sowohl der Händler als auch der Konsumenten, insbesondere der jüngeren Generation von Kaufleuten, welche sich diesem Handel widmen will.

Der Verfasser.

Einleitung.

Wenn wir die Kulturgeschichte der gesamten Menschheit im allgemeinen überblicken, so finden wir, dass nicht nur in politischer, sondern auch in wirtschaftlicher Beziehung ganz ungeheuere Veränderungen vorkamen und immer noch vorgehen. Ganz besonders gilt dies auch von der Art und Weise der Ernährung der grossen Massen einzelner Völker. Es erscheint nahezu unglaublich, dass z. B. die Kartoffel, die heute ein thatsächlich unentbehrliches Nahrungsmittel ist, vor zwei Jahrhunderten in Europa noch gar nicht bekannt war. Dasselbe gilt von dem Artikel Kaffee.

Erst circa 200 Jahre sind verstrichen, seit er in Europa eingeführt worden ist und heute müssen wir ihn anerkennen als ein Genussmittel, das am weitesten verbreitet und bei Arm und Reich gleich beliebt ist. Es ist ein Produktions- bezw. Handelsartikel geworden, dem einzelne Länder ihren nationalen Reichtum und ein beträchtlicher Teil des Handelsstandes seine Existenz verdanken. Doch hierüber im Laufe der weiteren Verhandlungen Näheres.

Beginnen wir mit dem geschichtlichen Teil.

I. Teil.

Geschichtliches.

Der gelehrte Augsburger Arzt Bernhard Rauwolf war der erste Europäer, welcher Kunde von dem Getränke Kaffee zu uns brachte. 1573 schrieb er in seinem „Tractat Raiss in die Morgenländer" wörtlich:

„Die Türken haben in Halepo (Aleppo) ein gut getränke „welliches sie hoch halten, Chaube von ihnen genannt, „das ist gar nahe wie Dinten so schwarz und in ge- „brefsten, sonderlich des Magens, gar dienstlich. Dieses „pflegens am Morgen fru, auch an offenen Orten, vor „jedem manigklich ohne alles abschuchen (Abscheu) zu „trincken, auss jrdenen und Porzellanischen tiefen Schä- „lein so warm alfs sie's könnden erleiden, setzend offt an „thond aber kleinen trincklein und lassens gleich weitter, „wie sie nebeneinander, im Kreifs sitzen, herumb gehen. „Dieser Tranck ist bei Jhnen sehr gemain."

Ueber die Entdeckung des Kaffees selbst gibt ein Traktat vom Jahre 1671 des Faustus Naironus Moronitius, Professors der chaldäischen und syrischen Sprache am Collegio zu Rom, Aufschluss.

Die betreffende Stelle lautet:

„Es hat derjenige, welchem die Camele zur Aufsicht „anvertrauet worden, etlichen Mönchen erzelet, es brächte „dieses sein Vieh die ganze Nacht mit springen und „ohne Schlaf zu. Der Abt des Klosters hat gemuthmasset, „es käme dies vom Futter und bemerkte nachdem er die „Oerter abgesuchet wo das Vieh geweidet, eine gewisse „Art von Sträuchern; von selbigen Beeren machte er sich „einen Absut und fand dass dieser die Kraft habe den „Schlaf zu vertreiben."

Dieses war ums Jahr 1440 im Lande Enarea und Kaffa im Hochland von Abessynien.

Von hier wurde der Kaffeebaum 1450 nach Mocca in der Provinz Jemen in Arabien versetzt.

Um dieselbe Zeit soll Gemal Eddin Aldhabani Mufti zu Aden denselben in der dortigen Gegend haben anpflanzen lassen, infolgedessen dieses Getränke an jenem Platze allgemein eingeführt wurde.

Der Abt des vorhin erwähnten Klosters soll dem Getränke den Namen Robur gegeben haben. Robur bedeutet Kraft und Stärke und heisst arabisch Cahuet, wovon der Name Kaffee abstamme.

Die Kaffeebohne nannten die Araber Bun.

Diese Bezeichnung führte einst zu der irrigen Annahme, das Getränke sei schon viel früher bekannt gewesen, weil der arabische Gelehrte Avicenna (980—1036 n. Chr. Geb.) des Getränkes Bunchus erwähnte; — es wurde indessen späterhin festgestellt, dass Avicenna unter Bunchus nicht Kaffee, sondern eine wohlriechende Wurzel verstand, aus der die Perser ebenfalls ein Getränke bereiteten.

1615 führt der französische Gelehrte Pietro della Valle den Namen Caphé in seinen Schriften an, und 1658 hat sein Kollege Thevenot in Paris seinen Freunden unter dem Namen „Café" ein Getränk servieren lassen, das er selbst als „Curiosum" bezeichnete.

In London wurde Kaffee schon im Jahre 1624 als Arzneimittel angewendet; 1657 liess der Handelsherr Daniel Edwards durch einen Diener in einem Hause an der Sanct Michaelo Abtei öffentlich Kaffee ausschenken.

Die eigentliche Einführung erfolgte jedoch später und zwar von Marseille aus, woselbst 1671 der Armenier Pascal ein Caféhaus in türkischem Stil etablirte.

Nachdem dieser erste Versuch glückte, zog Pascal 1672 nach Paris und eröffnete in der Vorstadt Saint Germain ein ähnliches Etablissement. 1689 gründete der Italiener Procopio das Café Procop in Paris, welches erst 1875 einging; im letzten Decennium des 17. Jahrhunderts zählte Paris schon 250 Caféhäuser, 1715 circa **600**, 1782 ca. **1800**. Der Preis, welcher 1671 für ½ Kilo Kaffee bezahlt wurde, soll nach heutigem Geldwerth berechnet ca. M. 2,40 betragen haben.

Als die im Jahre 1683 begonnene zweite Belagerung von Wien mit Vertreibung der Türken endigte, fand sich in deren Lager eine Menge Kaffee. Der Pole Franz Kolschitzky, welcher dem Kaiser während der Belagerung vortreffliche Dienste erwies, wurde hiefür nicht mit Orden etc., wie es heute gebräuchlich, belohnt, sondern es wurden ihm die von den Türken zurückgelassenen Kaffeevorräthe überlassen und ihm zugleich die Erlaubniss ertheilt, eine Kaffeeschenke in Wien errichten zu dürfen — dieses Kaffeehaus besteht heute noch in der Schlossergasse unter dem Namen »zur blauen Flasche«; es ist mit dem Bildnis Kolschitzky's, des Vaters der Wiener Kaffeesieder, geziert.

1686 hat das heutige Deutschland sein erstes Café in der freien Reichsstadt Regensburg erhalten; wir könnten somit in diesem Jahr ein 200jähriges Kaffeehaus-Jubiläum in Deutschland feiern.

Während nun im Jahr 1686 von Dr. med. Sponius in Lyon in einem Büchlein unter dem Titel:

„Drei neue curieuse Tractötchen von dem Trancke „Café, Sinesischen Thee und der Chocolaten, welche „nach ihren Eigenschaften, Gewächs, Fortpflanzung (Prä- „parirung) Tugenden und herrlichen Nutzen sehr curieus „beschrieben und nunmehro in die Hochdeutsche Sprache „übersetzet, von dem welches sich jederzeit nennet Thea „Potum Maxime Colens. Drucker Andr. Richter in „Budissen 1686" der Vorzüge dieses Getränkes würdig gedacht und es als Arznei- und Gesundheitsmittel aufs wärmste empfohlen wurde, ist dasselbe von einem seiner späteren Kollegen unter dem Pseudonym »Andronico« 1738 als das Gegenteil bezeichnet worden. Die betreffende Schrift erschien unter dem Titel:

„Freimüthige Gedanken von denen drey berüchtigten „Verführern des Volkes: 1. dem Getränk des Thee und „Kaffee, 2. der Erwählung commoder Tage, 3. der „Anschaffung derer Hausapotheken; als wodurch viele „tausend Menschen sich betrüglich um Leib und Leben „bringen lassen. Zur Warnung und Vermeidung kurz „und deutlich eröffnet von Andronico 1738, zu finden „bei Peter Martin Roman."

Der Verfasser bezeichnet demnach Kaffee und Thee als berüchtigte Verführer des Volkes; er geht in seinem Eifer gegen den Kaffee so weit, ihm die Schuld zuzuschreiben, wenn gewöhnliche Leute sich in Staatsgeschäfte mischen, beziehungsweise Politik treiben. Diese Meinungsverschiedenheiten der Gelehrten traten im Laufe der Zeit in einer Weise zu Tage, dass sich einzelne Regierungen veranlasst sahen, das Kaffeetrinken auf einige Zeit zu verbieten.

Das erste Verbot soll in Schweden im Jahre 1756 erfolgt sein. In Deutschland wurde anfangs durch hohe Steuern versucht, die Vermehrung des Kaffeekonsums zu verhindern; ausserdem wurden alle möglichen Mittel angewendet, jedoch alles umsonst. Schliesslich erfolgten seitens der einzelnen Fürsten allgemeine Verbote; eines der originellsten dürfte die Verordnung sein, welche am 4. Januar 1768 in Hildesheim erschien:

„1. Jeder Bürger und Handwerksgeselle, Bauersleute, „Gesinde u. s. w. sollen sich des Kaffeetrinkens enthalten „bei Strafe von sechs Mariengroschen für jeden Fall.

„2. Keiner, der mit Kaffee handelt, soll gebrannten „oder gemahlenen Kaffee im Laden führen und von rohen „Kaffeebohnen nicht über zwei Zentner verkaufen; für jede „Zuwiderhandlung 20 Thaler Strafe.

„3. Auf die freien Jahrmärkte dürfen Kaffeemühlen „und Kaffeebohnen nicht zum Verkauf gestellt werden.

„4. Diejenigen, welchen das Kaffeetrinken hiedurch „verboten wird, sollen sich binnen drei Monaten ihres „Kaffeegeschirrs so gut sie können entledigen, sonst wird „es konfisziert.

„5. Auf den Dörfern darf von Ostern an kein Kaffee „mehr geführt werden.

„6. Gastwirte werden mit sechs Mariengroschen be„straft, wenn sie ausser den Reisenden auch anderen „Leuten Kaffee verabfolgen oder selbst trinken.

„7. Ein Schleichhändler zahlt 20 Thaler Strafe oder „steht zwei Stunden am Pranger; die Hehler, d. h. die „Empfänger des geschmuggelten Kaffees, treffen sechs „Mariengroschen Geld- oder zwei Tage Gefängnisstrafe.

„8. Hauswirte, welche ihrem Gesinde Kaffee geben, „zahlen sechs Mariengroschen, die ihn trinken, ebenfalls; „Gesellen u. s. w., welche ihn fordern, oder einbedingen, „werden mit 24 Stunden Gefängnis bestraft.

„9. Auf ausstehende Kaffeeschulden kann nicht geklagt „werden. Wer Kaffee auf Borg hinausgibt, zahlt noch „sechs Mariengroschen dazu. Wenn Rechnungen eingeklagt „werden, müssen die Gläubiger auf Verlangen eidlich „erhärten, dass unter den creditirten Posten kein Kaffee sei.

„10. Von jeder einkommenden Strafe im Betrage von „sechs Mariengroschen erhält der Angeber 1/3, der Orts- „beamte 1/3, die Gerichtsobrigkeit 1/3.

„11. Des Angebers Namen wird verschwiegen ge- „halten; wenn der Angeklagte leugnet, muss er eidlich „bestätigen, dass zu der betreffenden Zeit und an dem „betreffenden Ort kein Kaffee gemacht, noch getrunken „worden sei.

„12. Wird er überführt, so zahlt er binnen drei Tagen „Strafe oder es erfolgt Exekution oder zwei Tage Ge- „fängnis. Gesteht er, so muss er zugleich angeben, woher, „von wem und wie viel Kaffee er bekommen hat, um „auch den Verkäufer bestrafen zu können." —

In gleicher Weise wurde in den übrigen Städten gegen das Kaffeetrinken vorgegangen, wie wir heute sehen, ohne den geringsten Erfolg. Teilweise gerieten derartige Verordnungen in Vergessenheit, teilweise wurden sie aufgehoben, und heute finden wir Kaffee im Palast sowohl, als auch in den Hütten der Arbeiter. Der Artikel ist thatsächlich mit dem gesamten Volksleben verwachsen; es sei nur erinnert an die Kaffeekränzchen der Frauen und an die grossartigen Cafés, welche in letzter Zeit in allen grösseren Städten entstanden sind. Speziell München ist in dieser Beziehung sehr rasch vorangegangen; nicht mehr dunkle, düstere Räume sind es, welche als Kaffeehäuser dienen, wie dies noch vor verhältnismässig kurzer Zeit der Fall war, sondern grossartig angelegte, künstlerisch ausgestattete Bauten, mit allen Bequemlichkeiten versehen; die bedeutendsten Zeitungen der gesamten zivilisierten Welt liegen auf; es sind Sammelpunkte der Gesellschaft, Sehenswürdigkeiten der Stadt.

II. Teil.

Botanik.

Betrachten wir nun das botanische Leben der Pflanze selbst, so finden wir dieselbe mit dem Namen **Coffea arabica** unter die Gruppe der Ixoreen eingereiht. (Im Saale befand sich z. Z. des Vortrages ein schönes Exemplar, welches durch die Güte des Herrn Inspektors Kolb vom k. botanischen Garten zur Ansicht überlassen wurde.) Die Pflanze hat ihre Heimat in den tropischen Ländern und zwar 15 Grad nördlich und 15 Grad südlich vom Äquator. Obwohl ein Kind der heissen Zone, benötigt sie doch feuchte Luft und eine vor dem glühenden Sonnenbrand geschützte Lage, weshalb gutbewässerte Gebirgsgegenden sich am geeignetsten für Kaffeeanlagen erwiesen haben; die höheren Lagen liefern die besseren Qualitäten.

Die tropischen Inseln mit ihrem feuchtwarmen Klima und ihren vulkanischen, terrassenförmigen Bergen erzeugen daher das beste Produkt.

Der Baum erreicht im wilden Zustande eine Höhe von circa sechs Metern und gleicht am meisten unserm Kirschbaum. In den Plantagen wird er durch Einstutzen der Krone auf circa 2—2¼ m Höhe gehalten, die Pflanze wird hierdurch buschiger und die Bohne ist leichter abzupflücken. (Siehe Abbildung I.)

Die Kaffeebäume blühen innerhalb zwei bis drei Monaten dreimal und zwar derart, dass zur Zeit der letzten Blüte reife und unreife Beeren, angesetzte Früchte und Blüten am Baume sind. Aus diesem Grunde ist auch ein mehrmaliges Einsammeln notwendig. Der Haupternte

Abbildung I. Kaffeebaum. (Seite 8.)

gehen also stets zwei kleine Vorernten voraus, welche je nach der Höhenlage des Landes entweder im August, September oder Oktober beginnen. Auf Portorico macht man z. B. in den mild gelegenen Departements Mayaguez mit der Ernte im August, in der hohen Lage des Departements Janco im Oktober den Anfang.

Die Blüte selbst ist (siehe Abbildung II) fünfteilig, weiss und mit sehr kleinem Kelch versehen; die Frucht, welche sich aus derselben entwickelt, färbt sich von grün ins röthliche und ist, wenn ausgereift, dunkelviolettroth, in Form unserer Kirsche ähnlich, jedoch nicht wie letztere an einem Stiel, sondern direkt am Zweig angesetzt. Das wenige Fleisch, welches diese Beere besitzt, umschliesst zwei mit der glatten Seite aufeinanderliegende sogenannte flache Bohnen, diese sind durch eine Samenhaut zusammengehalten.

Manchmal enthält diese Hülse anstatt zweier flacher Bohnen nur eine runde, welche Perlbohne genannt und von einzelnen Konsumenten vorgezogen wird. .Die noch in der Hülse liegende Bohne ist keimfähig, allein sie verliert diese Kraft, wenn man sie nicht alsbald von der Mutterpflanze weg in das Beet steckt. Die Verpflanzung in andere Gegenden kann daher nur durch Setzlinge geschehen; dieselben erreichen nach Umfluss von circa acht Monaten eine Höhe von circa $^1/_2$ m und sind alsdann zum Versandt tauglich.

Wenn mit solchen Bäumchen neue Plantagen angelegt werden, so ist darauf Rücksicht zu nehmen, dass sie der Sonnenglut nicht so sehr ausgesetzt sind, sondern baldigst unter den Schutz Schatten spendender Bäume zu stehen kommen. Auf Java bedient man

Abbildung II. Kaffeeblüte. (Seite 10.)

sich hiezu des rasch aufwachsenden Dataps. (Abbildung III repräsentiert einen halbjährigen Datapbaum, um ihn her ein Jahr alte Kaffeepflanzen.)

Mit dem zweiten Jahre erreicht die Kaffeepflanze eine Höhe von circa 1 1/2 m; sie treibt auch schon einige Blüten; indessen fängt sie erst im dritten Jahre an, nachdem ein Baum, 2—3 m hoch, aus ihr geworden ist, etwas Früchte (circa 1/2 — 3/4 Kilo) zu bringen. Ein bis zwei Jahre später erhöht sich der Ertrag auf circa 2 1/2 Kilo. Alsdann ist auch die Frucht in Bezug auf Qualität besser; dieselbe wird durch die Entwicklung des Baumes verfeinert. Diese aber hängt zumeist wieder von den klimatischen Verhältnissen und von der Pflege ab, die man ihm angedeihen lässt.

Vor allem muss der Boden um denselben häufig aufgelockert, bewässert und von Unkraut befreit werden. In Gegenden, wo die Plantagen erst seit kürzerer Zeit stehen, ist ein Düngen noch nicht nötig. Dagegen wird in älteren Produktionsländern, wie z. B. Java, in Ermangelung von Stallmist bereits künstlicher Dünger mit Erfolg angewendet. Die Pflege des Kaffeebaumes ist auf dieser Insel, jedoch nur auf den im Privatbesitz befindlichen Anlagen, thatsächlich eine musterhafte. (Abbildung IV veranschaulicht eine solche Plantage, die wir mit Recht einen Kaffeegarten nennen.)

Bei rationeller Behandlung tragen die Kaffeebäume bis ins dreissigste Jahr gute Ernten; man hat auch Beispiele, dass sie mit 50 Jahren noch ertragfähig sind.

Zuweilen werden solche mit vielen Kosten, unendlichem Fleiss und Mühe hergestellte Plantagen von der sogenannten Blätterkrankheit heimgesucht und mit-

Abbildung III. Datapbaum, ein halbes Jahr alt. (Seite 12.)

unter vollständig zerstört, wie das auf Ceylon und Java seit einigen Jahren sehr häufig der Fall gewesen ist. Ein Insekt, gegen dessen verheerende Thätigkeit bis jetzt ein Mittel nicht gefunden wurde, infiziert die Blätter, die alsdann zuerst rostähnliche Flecken zeigen, sich späterhin röthlich färben und abfallen; der Ansatz von Früchten wird dadurch verhindert.

III. Teil.
Ernte und Herstellung der handelsfähigen Frucht.

Die Art des Einheimsens und die hernach stattfindende Behandlung ist ein ganz wesentlicher Faktor in Bezug auf Gestaltung und Qualität der Bohnen. Man unterscheidet im allgemeinen zweierlei Methoden, die gewöhnliche und die westindische. Erstere wird, entweder durch Mangel an Arbeitskräften oder weil die Pflanzer die Kosten scheuen, vielfach aber aus altem Schlendrian beibehalten; bei ihr wird nur eine Ernte gemacht — die Beeren nicht abgepflückt, sondern alles was am Baume ist, ob reife oder unreife Frucht, mit einem Kamm oder mit der Hand abgestreift (was nebenbei bemerkt, auch den Bäumen Schaden bringt), alsdann das Fleisch der Beere mittels eines Holzmörsers oder durch Walzen abgelöst und hierauf die Bohne gewaschen. Ist das so gewonnene Produkt durch die Sonne getrocknet, so werden die Hülsen durch eine Windmühle ausgeschieden und die Waare ist marktfertig; dieselbe enthält aber, weil mit den reifen auch überreife und unreife Beeren geerntet wurden, weisse, grüne und schwarze Bohnen, — führt, weil nicht sorgfältig behandelt, Bruch und Unrat, wie Steinchen, Erd- und Holztheile mit sich

Abbildung IV. Kaffee-Plantage. (Seite 12.)

und leidet obendrein öfters noch im Geschmack, namentlich wenn sie von den ihr anhängenden Fleischteilen nicht sauber gereinigt und nicht schnell getrocknet worden ist.

In wasserarmen Gegenden wird indessen die Beere mit dem Fleisch der Sonnenglut ausgesetzt, getrocknet, dann gewalzt und durch Ausschwingen von der Schale befreit. Diese Kaffeesorten haben meist eine blasse, grünliche und seltener eine leicht gelbliche Farbe.

Die zweite, sogenannte westindische Bearbeitung hat ihren Ursprung auf Surinam. Hier hatten die Holländer schon um 1728 Pflanzungen angelegt. Der Fleiss und die bekannte Reinlichkeit dieses Volksstammes kam seiner Kaffeekultur ebenfalls zu gut, weil die dort ansässigen Pflanzer es an Sorgfalt nicht mangeln liessen; es hat sich denn auch das Renommée des Surinam-Kaffees bis heute erhalten, obwohl von dort schon lange kein Kaffee mehr in den Handel kommt.

Die Arbeit beginnt mit dem sorgsamen Abzupfen und zwar nur der vollständig reifen Frucht; die gesammelten Beeren werden alsdann in einen grossen Behälter gebracht, durch Quetschen ihrer fleischigen Umhüllung entledigt; hierauf werden zur gründlichen Reinigung die von der Samenhaut-Pergamenthülse — (der Name findet seine Erklärung in der dem Pergament ähnlichen Farbe), noch umschlossenen Bohnen in Wasserbassins, die stufenartig neben einander liegen, geworfen und von dem stets frisch zufliessenden Wasser abgespült. Abbildung V repräsentiert uns die Ansicht einer Kaffeeplantage; — im Vordergrund das Gebäude, in welchem die Zubereitung, resp. die Reinigung der Bohnen erfolgt.

Abbildung V. Kaffeeplantage. (Seite 16.)

Nach dieser Manipulation wird die Bohne drei bis vier Tage an der Sonne getrocknet. Ungenügendes Trocknen oder zu geringe Sorge für stets frisches und reines Wasser in den Bassins bewirkt leicht eine Schädigung des Ansehens oder des Geschmacks.

Dem Trocknen, welches uns die photographische Aufnahme Abbildung VI sehr gut veranschaulicht, folgt die Entfernung der Hülse[1].

Es geschieht dies auf einfache Art durch den auf Abbildung VII abgebildeten sogenannten „Peeler". Durch einen leichten Druck brechen die Hülsen entzwei; hierauf erfolgt das Abblasen der gelösten Hülsen durch die Windmühle, alsdann die Reinigung von Staub und Sortierung der verschiedenen Grössen und Façonen der Perl- und Flachbohnen (siehe Abbildung VIII: eine Sortiermaschine).

Den Schluss bildet das Handbelesen; hiervon gibt die gelungene Aufnahme Abbildung IX Zeugnis. Die Eingeborenen, meistens Frauen und Kinder, werden hier angehalten, Steinchen, Erdteilchen etc., alles, was von den Sieben nicht beseitigt wird, auszusuchen. Diese so behandelten Kaffees haben eine dunkelgrünliche oder bläuliche Farbe.

B r a u n e o d e r g e l b e F a r b e soll nur durch den Einfluss der Sonne erzeugt werden, auf holländischen Kolonien ist man hierzu am vorzüglichsten eingerichtet. Weiche Kaffeesorten, welche sich hierzu besonders gut eignen, werden auf Hurden ausgebreitet und bleiben Jahre lang den Sonnenstrahlen ausgesetzt.

---

1) Manche Sorten werden zur Erhaltung der schönen blauen Farbe in der Pergamenthülse nach den Konsumländern versandt.

Abbildung VI. Trocknen der Kaffeebohnen. (Seite 18.)

Diese Hurden sind bei rationellem Betrieb, wie er auf Java üblich ist, aus Draht gefertigt, mit Rollen auf Schienen laufend gerichtet, damit sie bei eintretendem Regen schnell zurück-, resp. unter Dach geschoben werden können; man versieht sich, wie Abbildung X (zugleich hübsche Landschaft von Java) erkennen lässt, zu diesem Zweck mit Wellblechdächern.

All diese vielen Phasen macht der Artikel durch, bis er zum Versand bereit, in Säcke, Matten, Kisten oder Fässer verpackt, nach den Markt- bezw. Hafenplätzen verbracht wird.

IV. Teil.
Kulturgeschichte.

Die einzelnen Produktionsländer betreffend, beginne ich mit

Arabien, dem Heimatland des Kaffees.

In den Städten Aden, Gedda, Hodeida konzentrierte sich der Kaffeehandel zuerst. — Die Händler sandten die Ware von hier aus theils auf Kähnen, theils auf Kameelen nach Suez; allmählich fand er seine Verbreitung in Ägypten, der Türkei etc. etc. Die Produktions- und die Handelsverhältnisse sind dort heute noch so ziemlich die gleichen wie früher; der schlaue Araber zieht mit seiner Karawane in die Dörfer der Fellahs; seine Ankunft wird durch einen Berittenen angezeigt — worauf die Produkte der Bergbewohner gegen andere Waren umgetauscht werden. Der in Arabien, besser gesagt, auf Jemen gewonnene Kaffee reicht indessen kaum für die Bedürfnisse des Landes selbst. Die Produktion, welche 25 000 Matten (aus Bast geflochtene Säcke,

Abbildung VII. Ein Peeler: Maschine zur Entfernung der Pergamenthülse. (Seite 18.)

circa 50 Kilo wiegend) pro anno betragen soll, kann man unter den heutigen Verhältnissen für den Handel kaum in Betracht ziehen.

Das unter dem Namen Mocca in den Handel kommende Produkt ist längst von besseren Qualitäten verdrängt und die alten arabischen Exportplätze beziehen jetzt vielfach Kaffee von den neu erschlossenen Produktionsländern.

Von Arabien brachte ein unternehmender Holländer im Jahre 1696 die Kaffeepflanze nach der Insel Java; der Versuch fiel zwar günstig aus, allein wenige Jahre darauf zerstörte ein Erdbeben die junge Plantage.

Ein weiterer Versuch im Jahre 1711 war von dauerndem Erfolg begleitet und ihm verdankte Holland die erste Anfuhr von 894 Pfund Kolonial-Kaffee; der Versender erlöste hierfür 23²/₃ Stüb = 118 cs. pro 100 Pfund. Der heutige Wert variiert zwischen 25—50 cs.

Die Produktion steigerte sich auf Java rasch;

1720	betrug sie	39 164	Pfund.
1739	„ „	3 670 000	„
1780	„ „	6 500 000	„

Die holländische Regierung sah sich veranlasst, den Anbau auf eigene Rechnung zu übernehmen, die Javanen mussten die Arbeiten im Frondienst verrichten und die Anlagen gewannen grosse Ausdehnung, wodurch bedeutender Export ermöglicht wurde.

Die Ziffern der Picols (Säcke von circa 60 Kilo), welche zur Ausfuhr gelangten, erreichten

anno	1800 die Zahl von	2 000
„	1825 „ „ „	15 900
„	1840 „ „ „	1 132 000

Abbildung VIII. Sortiermaschine. (Seite 18.)

Wenn wir die holländische Kultur im Osten verfolgen, so finden wir im Jahre 1822 die erste Anlage auf „Celebes" und zwar auf dem nördlichen Theil, welcher den besten Boden für die Pflanze hat. Die hier erzeugten Quantitäten haben aber bei dem herrschenden Mangel an Arbeitskräften keine grösseren Dimensionen annehmen können und die Zahl von 25000 Ballen selten überschritten. Dieser Kaffee kommt unter dem Namen Menado in den Handel und ist durch seine ausserordentlich schöne, grosse und schlanke Bohne berühmt.

In Süd-Celebes (Maccassar) stieg die Produktion auf 130000 Ballen, jedoch ist die Provenienz, ihres eigenartigen Geschmacks wegen, bei uns weniger beliebt. —

Alle unter der Verwaltung der holländischen Regierung gezogenen Kaffees führen den Namen Gouvernements-Kaffee und werden in den Stapelplätzen Batavia, Cheribon, Samarang, Passaraean, Probolingo, Tylatjap gesammelt und in Amsterdam von der unter dem Kolonialminister stehenden „Niederländischen Handels-Maatschappij" öffentlich versteigert. Die Grosshändler des Binnenlandes lassen ihren Bedarf durch Kommissionäre an diesen (z. Zt. fast allmonatlich stattfindenden) Auktionen aufkaufen; in der Regel wird je ein Los mit 100 Picols aufgeworfen. —

Neben den Gouvernements-Plantagen haben aber auch die Privatplantagen in den holländischen Kolonien eine hervorragende Stelle eingenommen. Die Produkte derselben zeichnen sich, wie schon früher erwähnt, durch vorzügliche Pflege, daher durch Schönheit und Güte aus; der Umfang derselben ist ebenfalls beträchtlich, im Ernte-

Abbildung IX. Das Handbelesen der Bohnen. (Seite 18.)

jahr 1884 lieferten die Gouvernements 800000 Ballen, die Privatplantagen circa 400000 Ballen. Die Eingebornen besorgen das Einsammeln der Früchte meistens im Accordwege. (Abbildungen XI und XII vergegenwärtigen die Aufnahme einer Direktor-Wohnung, sowie die einer Gruppe von Eingeborenen.)

Dass die Engländer angesichts des Aufschwungs der Kaffee-Kultur in den holländischen Kolonien nicht müssig blieben, ist erklärlich, und so sehen wir auf Ceylon schon im Jahre 1719 die erste Plantage unter ihrer Leitung entstehen; allein deren Entwicklung stiess auf viele Hindernisse, namentlich weigerten sich die Eingebornen, die harte Arbeit zu verrichten.

Ums Jahr 1791, als England die Insel ganz in seinen Besitz bekam, machten die Anpflanzungen zwar Fortschritte, die Qualität fand jedoch bei den Konsumenten keine günstige Aufnahme, so dass abermals ein Stillstand eintrat. Erst dem englischen Gouverneur Sir Ed. Barnes (1824) war es vorbehalten, die Kultur zu heben; er erkannte, dass das seither benützte Flachland zum Anbau nicht tauge und liess eine grosse Hochstrasse, welche mitten ins Gebirge führt, herstellen, die Urwaldungen in Gangarúwa einäschern und gab den Boden unentgeltlich an die europäischen Einwanderer ab. Abbildung XIII a bietet das Bild eines zur Ansiedelung umgearbeiteten Urwaldes, Abbildung XIII b die Hochstrasse in Gangarúwa. Abbildung XIV zeigt die landschaftliche, sehr gelungene Aufnahme von Lindula, eine hübsche Plantage auf Ceylon, Abbildung XV das Bild eines singhalesischen Mädchens (Kaffeebeleserin).

Nach Umlauf von 10 Jahren war seitens der Europäer grosse Nachfrage nach diesen Ländereien eingetreten,

Abbildung X. Plantage auf Java. (Seite 20.)

und Barnes erhielt pro acre Land 5 sh. bezahlt. Die Produktion auf Ceylon hat 1882 ihren Höhepunkt mit einer Exportziffer von einer Million Zentner erreicht, von da ab trat die Blätterkrankheit auf, welche derartigen Schaden anrichtete, dass 1885/86 der Export auf 230000 Zentner fiel. Die Pflanzer sahen sich genötigt, den Kaffeebau nahezu aufzugeben und Thee, Zimmt, Tabak und Zucker, namentlich aber Cinchona (Chinarinde) dafür zu kultivieren.

Diesen Ausfall der Kaffeeproduktion auf Ceylon glaubte man durch die energische Förderung des Anbaues auf Englisch Ostindien decken zu können, wozu das an der Westküste von Malabar sich hinziehende Gebirge Neilgherry (blaue Berge) sich vorzüglich eignet, sah sich aber leider hierin getäuscht, denn die Qualitäten der unter den Namen Neilgherry, Mysore, Coorgh etc. in den Handel gebrachten Sorten entsprechen den auf sie gesetzten Hoffnungen nicht so ganz.

Von den Stapel- und Verladungsplätzen dieses Produktionslandes — Tellichery, Calicut und Mangolore — wurden im letzten Erntejahre nur 250000 Zentner an den Handel abgeliefert.

In West-Afrika entdeckte man 1870 einen wildwachsenden Kaffeestrauch, welcher sowohl eigenthümlich geformte, als auch besonders grosse Bohnen trägt, — Abbildung XVI stellt einen Zweig dieses wild wachsenden Baumes mit Blüten und Beeren dar; dieses Produkt ging unter dem Namen Liberia-Kaffee in den Handel, fand aber, weil dessen Geschmack nicht behagte, keinen Beifall.

Besser, aber doch auch nicht ganz, gelang die Einführung der Casengo- und Encongo-Sorten, welche im Gegensatz zu Liberia sehr kleinbohnig ausfallen. (Die

Abbildung XI. Das Wohnhaus des Direktors einer Kaffeeplantage auf Java. (Seite 26.)

Bohne ähnelt dem arabischen Mocca.) Diese Sorte, wohl desshalb unter dem hochtönenden Namen „afrikanischer Mocca" in den Handel gebracht, ist von solcher Beschaffenheit, dass sie noch unter die geringsten Qualitäten eingeteilt werden muss.

Den ersten Rang unter den Kaffee produzierenden Ländern nimmt z. Zt. Brasilien ein, welches, nachdem es 1770 mit Anpflanzungen begonnen, 1818 erstmals mit einem Export von 74215 Ballen à 72 Kilo in der Statistik figurirt. Seitdem stiegen die Ziffern derart, dass 1882/83 Rio allein mit einer Ausfuhr von 4½ Millionen Ballen, Santos, welches erst 1855 zu exportieren begann, mit 2½ Millionen Ballen statistisch aufgeführt wurde. — Während nun Rio mit der genannten Zahl den Höhepunkt erreicht haben dürfte, wird Santos (Abbildung XVII) seine Produktion noch steigern können, desto eher wenn sich trotz der von der Regierung beschlossenen Freimachung der Sklaven noch Arbeitskräfte genug finden. Denn die Hoffnungen, welche man auf die Einwanderung von Arbeitern setzte, scheinen sich nicht erfüllen zu wollen.

Man sollte nun annehmen, dass in einem Lande, welches solchen Reichtum an Kaffee aufzuweisen hat, die Pflanzer enorm reiche Leute sein müssen; allein dies ist z. Zeit nicht der Fall. Die Massenproduktion, welche Brasilien auf den Markt warf, entwertete den Artikel derart, dass der Erlös vielfach nicht einmal die Spesen deckte. — Die Facendeiros (Pflanzer) haben eben teilweise die Vorsicht „Josefs" nicht gebraucht und in den fetten Jahren auf die kommenden mageren Rücksicht zu nehmen vergessen, weshalb eine grosse Zahl derselben den englischen Banken verfallen ist, diese haben anfangs die Pflanzer in ihrer Notlage mit

Abbildung XII. Eine Gruppe von Eingeborenen (Javanen). (Seite 26.)

Geldmitteln versehen und sie hierdurch über Wasser gehalten. Nur infolge einer Verminderung der Produktion könnten für diese Leute bessere Zeiten kommen[1]).

Den Einkauf besorgen dort die Agenten, welche ihren Sitz an den Stapelplätzen Rio und Santos haben.

Jeder Facendeiro hat einen solchen Vertrauensmann, der ihm meistens schon vor Ablieferung der Ernte Abschlagszahlungen besorgt.

Schon im Juli, hauptsächlich aber im August beginnen die Erntezufuhren, welche sich gegen den Schluss des Jahres derart steigern, dass sie am Markt von Rio täglich oft bis zu 30000, in Santos bis zu 15000 Ballen betragen.

Die Qualitäten unterscheidet man, wie schon bemerkt, hauptsächlich nach der gewöhnlichen und westindischen Art der Zubereitung, letztere wird in diesem Produktionslande durch den Zusatz „gewaschen" ausgedrückt; bislang werden jedoch gewaschene Kaffees fast nur in Rio zu Markt gebracht.

Von den übrigen brasilianischen Ausfuhrhäfen seien noch erwähnt: Bahia, welches um das Jahr 1810, Céara[2]), welches anno 1800 mit dem Export begonnen hat. Die Qualität aus der erstgenannten Provinz hat sich in den letzten Jahren wesentlich verbessert, während das über Céara zu uns gelangende Produkt zur Zeit noch nicht beliebt ist.

---

1) Diese Annahme hat sich verwirklicht, indem von 1887 ab die Produktion wesentlich zurückging und die Preise für good average Kaffee von 42 Frcs. pro 50 Kilo fast um das Doppelte, ja sogar periodisch auf 120 Frcs. gestiegen sind.

2) Céara stellte in der Kolonial-Abteilung der 1889er Pariser Weltausstellung u. a. auch Kaffe-Proben aus, welche sich den besten Sorten anschliessen dürfen; es scheint also, dass die Kultur dort bedeutende Fortschritte machte.

Abbildung XIII a. Ein zur Ansiedelung eingeäscherter Urwald. (Seite 26.)

Betreten wir nun das Gebiet der kleinen Antillen, so verdient die Insel Martinique unsere besondere Beachtung, weil sie die erste amerikanische Kaffeeplantage besessen hat.

Der französische Schiffskapitän Clieux erhielt nämlich (1726) auf seinen Wunsch ein Kaffeebäumchen aus dem botanischen Garten in Paris zum Geschenk und verpflanzte dasselbe auf diese Insel. Dieses Bäumchen wurde somit die Mutterpflanze der amerikanischen Kaffeekultur; denn alsbald erfassten auch die Bewohner der Nachbarinseln Quadeloupe und Surinam die Idee, diesen Erwerbszweig zu ergreifen. Die französische Statistik enthält schon anno 1775 für Martinique und Quadeloupe eine Ausfuhrziffer von 156000 Zentner. Der Boden erwies sich aber zuletzt nicht mehr als günstig, weshalb in Martinique gegen Mitte dieses, in Quadeloupe und Surinam gegen Ende des vorigen Jahrhunderts der Kaffeeanbau beinahe ganz einging und dafür Zucker, Tabak etc. angepflanzt wurden.

Unter den grossen Antillen hat sich Haiti und Domingo, das ums Jahr 1737 mit dem Anbau begonnen, 1775 schon 460 000 Zentner und 1885 noch 650 000 Zentner Kaffee produzierte, als ausdauernd bewiesen, während Cuba, welches eine hervorragende Qualität lieferte und in den Jahren 1830—1840 das ansehnliche Quantum von 450 000 Zentner pro Jahr exportierte, seit circa 15 Jahren den Kaffeebau einstellte; dafür hat aber Portorico die Kultur, die im Jahr 1815 begann, seit dieser Zeit energisch aufgenommen; man rühmt diesem Produkt z. Zt. mit Recht nach, dass es einen hervorragend kräftigen Geschmack besitze. Die Hauptproduktion Portoricos

Abbildung XIII b. Hochstrasse in Gangarúwa. (Seite 26.)

nimmt den Weg nach Spanien, welches Land wenig Kaffee konsumirt, und fast ausschliesslich von Portorico und den kleinen Philippineninseln damit versorgt wird.

Die grösste der Philippineninseln, Manilla, hat in den letzten Jahrzehnten einen ziemlichen Export auch nach Europa zu verzeichnen. Nach den Schätzungen dürfte sie auch heuer wieder circa 130000 Zentner zur Ausfuhr bringen. Jamaica spielte im vorigen Jahrhundert ebenfalls eine Rolle im Kaffeebau; seine Kultur datirt von 1728, dieselbe erreichte 1814 ihren Höhepunkt mit einem Export von 257000—380000 Ballen; 1833 begann die Sklaven-Emanzipation, infolge derselben zwei Jahre später die Ziffer auf 68610 Ballen zurückging; sie schwankte seither um circa 20000 Ballen auf- oder abwärts.

Die nördlichen Teile von Südamerika, sowie das Festland von Centralamerika erschlossen dem Kaffeebaum ihre Gefilde erst um die Mitte dieses Jahrhunderts.

Die dortigen Bodenverhältnisse erwiesen sich demselben ausserordentlich günstig, sind aber nur zum Teil ausgenützt — Guyana, Ecuador und Peru sind darin noch weit zurück, während aus Venezuela in den Häfen von Laquaira und Puerto Cabello, erhebliche Quanten verladen werden. Diese Provinz ging den anderen voran, indem sie schon zu Anfang des Jahrhunderts, anno 1830, 100000 Zentner für den Export lieferte.

Costa Rica produzierte anno 1845 70000 Zentner. San Salvador begann erst 1856—1857 mit der Ausfuhr, Quatemala 1860; jedoch sind dortselbst bis jetzt die unsicheren politischen Verhältnisse der Ausdehnung hinderlich gewesen. Dieses Land wird, wenn erwähntes Hindernis beseitigt ist, im Vereine mit Mexico (welches z. Zt.

Abbildung XIV. Landschaft von Lindula [Ceylon]. (Seite 26.)

noch unbedeutend in der Kaffeekultur), den übrigen Kaffee produzierenden Ländern eine ganz wesentliche Konkurrenz zu machen im stande sein, umsomehr, als sich die von dort zu uns gelangenden Qualitäten durch schönes Ansehen und vorzügliches Aroma auszeichnen.

Die übrigen Kaffee produzierenden Länder fallen nicht in die Wagschale, indem sie meistens nur für eigenen Bedarf sorgen; z. B. sollen die in den australischen Gewässern liegenden Sandwichsinseln kaum 500 Ballen pro anno aufbringen[1]).

Von ganz besonderem Interesse ist eine Zusammenstellung der Produktion, beziehungsweise Schätzung der zum Export gelangenden Quantitäten der gesamten, hier genannten, Kaffee bauenden Länder, — im Vergleich zum Weltkonsum.

Nach den Mitteilungen der Herren W. Schöffer & Co. in Rotterdam sollen im Erntejahr 1886/87, das ist vom 1. Juli 1886 bis 30. Juni 1887, zum Export gelangen aus:

Afrika incl. Arabien	200 000	Ztr.
Holländ.-Ostindien	1 600 000	„
Ceylon	230 000	„
Brit.-Ostindien (Festland)	360 000	„
Brasilien	7 180 000	„
Domingo	600 000	„
Portorico	250 000	„
Manilla	130 000	„
Jamaica	100 000	„
Venezuela	780 000	„
Zentralamerika	920 000	„
Summa:	12 350 000	Ztr.

1) Die Inseln Reunion sowie Neu-Catalonien nehmen dagegen den Anbau von Kaffee ganz energisch auf, was sich aus den Proben schliessen lässt, welche auf der Pariser Ausstellung vertreten waren.

Abbildung XV. Singhalesisches Mädchen [Kaffeebeleserin]. (Seite 26.)

Zur Einfuhr sollen dagegen gekommen sein im Jahre 1885 nach den:

Vereinigten Staaten	4716780 Ztr.
Canada und Pacific	400000 „
Deutsches Reich	2362380 „
Frankreich	1370300 „
Österreich-Ungarn	739460 „
Belgien	534620 „
Holland	550000 „
England	298300 „
Schweiz	178820 „
Norwegen	150000 „
Schweden	270000 „
Dänemark	115000 „
Russland und Polen	350000 „
Italien	330000 „
Spanien und Portugal	140000 „
Türkei und Levante	290000 „
Balkanstaaten	200000 „
Nordküste von Afrika	240000 „
Cap Laplata und Australien	370000 „
Summa:	13605660 Ztr.

Die Produktionsziffer von 12350000 Zentner würde also um 1255660 Zentner kleiner sein als dasjenige Quantum, welches in die hier genannten Konsumländer eingeführt wurde.

Wenn wir nun annehmen, dass diese Zahlen im allgemeinen zutreffen, woran ich durchaus nicht zweifle, so würden wir, im Fall die pro 1885 eingeführten Quantitäten den Jahreskonsum darstellen, Mangel an Kaffee zu erleiden haben; vorerst ist indessen noch keine Not

Abbildurg XVI. Kaffeestrauch [Liberia-Kaffee]. (Seite 28)

zu befürchten, denn es liegen sowohl an den Markt- und Hafenstädten, als im Inland noch grosse Quantitäten Kaffee, welche zu dem so ausserordentlich niederen Werte, zu welchem der Artikel in den letzten Jahren und auch heute noch gehandelt wird, von den Spekulanten aufgespeichert wurden; allein einige nacheinander folgende Fehlernten oder wesentlicher Rückgang der Produktion in Brasilien würden die Situation ändern können und uns teure Preise bringen, wodurch der Konsum auf natürliche Weise wieder eingeschränkt werden müsste.

Ich komme nun zum Schluss meines Vortrages, zum

V. Teil.

Der Handel.

Dem Kaufmann bietet der Artikel Kaffee ein reiches Feld für seine Thätigkeit. Das Prinzip, innerhalb welchem der Handel hierin seit vielen Jahren gearbeitet hat, bewegt sich ungefähr in folgendem Rahmen: Der Händler streckt dem unbemittelten Pflanzer die Gelder vor, damit dieser die Arbeits- und Transportkosten bis zum Stapelplatze bezahlen kann, verfrachtet die auf dem Markt im Produktionsland von ihm ersteigerten Waren nach den grossen Stapel- und Handelsplätzen der Konsumländer.

Dort werden sie unter Aufsicht und Leitung des Vertreters eines Bank- oder sonstiges Geschäftshauses in den öffentlichen Versteigerungen angemeldet und durch amtlich vereidigte Mäkler taxirt und ausgerufen. Der neue Besitzer sortirt und reinigt die Ware alsdann und lässt sie in einer getreuen Musterung durch seine Agenten den Grossisten des Binnenlandes präsentieren. Der Grossist des Binnenlandes sucht die für seine Kundschaft geeigneten Qualitäten aus und überliefert sie dem Detailhandel.

Eine Ausnahme hiervon machen die Produkte aus den holländischen Gouvernements; dieselben haben den auf Seite 28 angeführten Geschäftslauf beibehalten. Die Produkte werden durch die unter dem Kolonialminister stehende niederländische Handels-Maatschappij versteigert und findet mit Ausnahme zweier Wintermonate jeden Monat nach einer 14 Tage vorausgehenden Ankündigung eine Auktion statt.

Vor circa 20 Jahren wurde begonnen, diesem Geschäft eine andere Richtung zu geben. — Die damals neueste und grossartigste Einrichtung, vermittelst des Kabels eine telegraphische Verbindung mit den überseeischen Ländern herzustellen, reifte den Gedanken, den Grosshändler im Binnenlande direkt mit dem Exporteur in Verbindung zu bringen, wodurch die Verkäufe vom Produktionslande auf feste Preise franko an den Hafenplatz gemacht werden könnten und Einlagerungsspesen, Versteigerungsgebühren, sowie die Provision des Importeurs am Seeplatz erspart werden sollten. Die Idee gelangte auch zur Ausführung. Die Einleitung der Geschäfte in diesem Sinn wird sofort bei Beginn der Ernte gemacht. Sobald der Exporteur einen Überblick über die Qualität der neuen Ware hat, stellt er sogenannte Typproben auf.

Diese Typproben werden alsdann dem betreffenden Importeuren übermittelt und haben während des ganzen Jahres hindurch für den ungefähren Ausfall, d. h. für die Qualität der nach ihnen verkauften Ware massgebend zu sein. Hat der Exporteur nun eine Schiffsladung Kaffee zusammengestellt und kann er sie nach den Konsumländern günstig verfrachten, so telegraphirt er einem General-Vertreter auf dem Continent diese Offerte zur Weitergabe an die sonst noch aufgestellten Agenten; diese Anbietungen verstehen sich **cif** d. i. fracht- und assekuranzfrei an den Seeplatz, oder **cf** d. i. nur frachtfrei, Assekuranz nicht inbegriffen, an den Seeplatz geliefert. (In beiden Fällen hat also der Käufer das Risiko während der Seefahrt zu übernehmen, indem der Ort der Erfüllung der Einladungsort ist.) Dieses Telegramm wird zur Verkleinerung der Wortzahl vermittelst eines sogenannten Depeschen-Schlüssels aufgestellt, wofür der Adressat die Auflösung in seinem Besitz hat. Der Vertreter dieses überseeischen Hauses auf dem Festlande gibt nun das telegraphische Offert den Geschäftsfreunden (Importeuren) seines Wirkungskreises weiter und nimmt die ihm hierauf erteilte Ordre zur Übermittelung an den Besitzer der Ware entgegen. Der Importeur kann aber die Ware nicht auf offenen Kredit beziehen; er hat vielmehr dem Exporteur mit der Auftragsbestätigung diejenige Bankfirma zu bezeichnen, durch welche er die Ausbezahlung erfolgen lassen will. Meistens bestehen die Exporteure darauf, dass ihnen noch ein Rembours auf London gegeben wird, indem im Auslande die Wechsel auf London vorteilhafter zu verkaufen sind, als die deutschen Sichten (hoffentlich wird auch die Zeit hierin eine Änderung herbeiführen). Die Ware wird nun dem Käufer in Rechnung gestellt. Mit derselben Ware reist auch die Faktura, sowie das Konnossement (ein Bescheinigungsschreiben des Kapitäns, dass er die Ware nach Stückzahl richtig empfangen habe, für richtiges Gewicht übernimmt er keine Garantie).

Dieses Konnossement, sowie den auf den Fakturabetrag lautenden Wechsel erhält der Bankier; der Käufer übernimmt die Verpflichtung, nach Ankunft dieser Dokumente den Wechsel mit dem Accepte seines Bankiers versehen zu lassen (der Wechsel verfällt drei Monate nach erfolgter Präsentation). Erst dann wenn diese Bedingung erfüllt ist, wird 'das Konnossement vom Bankier dem Käufer zu seiner Verfügung überlassen, welcher nur gegen Vorzeigen und Abgabe desselben die Waren vom Kapitän ausgeliefert erhält. —

Entstehen Differenzen über von den Typen abweichenden und ungünstigen Ausfall des Kaffees, so werden dieselben nach Handelsgebrauch durch ein an jedem Seeplatz etablirtes kaufmännisches Schiedsgericht auf Grund der Prüfung vereidigter Sachverständiger (Makler) geschlichtet (man heisst dies eine Arbitrage machen). Es wird alsdann die Differenz in Geldwerth ausgedrückt, und dem Ausspruch dieses Schiedsgerichtes hat sich jeder der Beteiligten im Voraus zu unterwerfen. —

Diese Art des Handels hat nun inzwischen immer mehr um sich gegriffen; der Händler am Seeplatze erlitt dadurch natürlich eine Einbusse, dagegen wurde der Grossist im Inland durch dieses System in den Stand gesetzt, die Konkurrenz mit seinen Kollegen am Seeplatze besser aufnehmen zu können, als dies früher der Fall war.

Der Kaffeehandel war nun lange Jahre hindurch eines der blühendsten und solidesten Geschäfte. In neuerer Zeit hat sich jedoch die Börse durch Etablirung sogenannter Terminmärkte seiner bemächtigt, und obwohl diese Institution verhältnismässig noch jung zu nennen ist, so lässt sich doch heute schon voraussehen, dass der Handel im allgemeinen nicht günstig dadurch influirt wird. Es steht zu befürchten, dass ein Spiel im grossen Massstabe sich entwickelt, durch welches der seitherige solide und ziemlich ruhige Gang des Kaffeehandels in ein gefährliches Fahrwasser getrieben wird.

Zum Schluss dieser Betrachtungen bemerke ich noch mit dem Gefühle stolzer Freude, dass, trotzdem Deutschland bekanntlich noch keine Kaffee-Kolonien besitzt, der deutsche Kaufmann dennoch in hervorragender Weise an dem Welthandel im allgemeinen und im besonderen an dem mit Kaffee teilnimmt. In fast all' den genannten Produktionsgegenden sowohl als auch an allen europäischen Einfuhrhäfen in England, Frankreich, Holland Belgien und Österreich sind es deutsche Namen, welche unter den ersten Firmen genannt werden. Die Strebsamkeit, der Fleiss und die soliden Grundsätze des Deutschen finden in der ganzen Welt Anerkennung, Auszeichnung und grossen Erfolg. Mögen auch die nachkommenden Generationen hieran bleibend festhalten!

September 1889.

Nachschrift.

Rascher, als vor drei Jahren vorauszusetzen war, haben sich meine Befürchtungen in Bezug auf die Entwickelung des börsenmässigen Terminhandels im Kaffee-Geschäfte verwirklicht. Eine grosse Zahl angesehener Firmen fielen demselben zum Opfer; der ganze Fachhandel ist an seiner Wurzel geschädigt und wird ohne Zweifel vollständig ruiniert werden, wenn dem gefährlichen Treiben nicht bald Einhalt gethan wird

Die Erkenntnis dieser betrübenden Thatsache ist in weite Kreise gedrungen; es beschäftigt sich z. Zt. nicht nur die Presse damit, um durch Publikationen Klarheit in die Sachlage zu bringen, sondern auch die Regierungen sind genötigt, auf Mittel und Wege zu sinnen, wie und wodurch Abhilfe geschaffen werden kann.

Zunächst obliegt nun den Handelskammern die Pflicht, Stellung zu der Frage zu nehmen: „Ist der Börsen-Terminhandel im Kaffee-Geschäft notwendig oder nicht?"

Die Behandlung derselben führte aber zu verschiedenen Schlüssen; je nach Art und Weise der Zusammensetzung der Kammern lautete das Urteil. Während ein Teil den Börsen-Terminhandel mit all seinen Anhängseln verboten wissen will, wird er von anderen bis zu einem gewissen Grade in Schutz genommen; darin sind aber alle Stimmen einig, dass grosse Missstände existieren, welche dringend notwendig beseitigt werden müssen.

Jedem, der klaren Einblick in diese Verhältnisse erhält, wird sich die Überzeugung aufdrängen, dass wir es hier mit einem Gebilde zu thun haben, das an die Stelle der früheren Spielbanken getreten ist und das nur dadurch zu seiner heutigen Schreckgestalt gelangen konnte, als den verderblichen Bestrebungen: „Möglichst rasch und bequem zu Reichtümern zu gelangen", die grossartigen Schöpfungen menschlichen Geistes: „Telegraph, Telephon", in verhängnisvoller Weise förderlich sind.

Um dem geneigten Leser dieses traurige Zeitbild in richtigem Lichte zu zeigen, weiss ich kein besseres Mittel, als das Referat, welches mein Associé Herr Emil Wilhelm hierüber im Auftrag der oberbayerischen Handels- und Gewerbekammer ausarbeitete, im Wortlaute wiederzugeben.

In der Sitzung vom 24. Juli 1889 referierte nämlich dieser Herr folgendermassen:

Von der Handelskammer in Wesel liegt folgendes Rundschreiben, datiert vom 21. März 1889, an die Handels- und Gewerbekammer für Oberbayern, vor:

„Indem wir Ihnen unsere Beleuchtung der Hamburger Denkschrift vom März a. c. übergeben, erlauben wir uns gleichzeitig bei Ihnen anzufragen, ob Ihre Handelskammer geneigt ist, eine Petition „um Aufhebung der Liquidations-Kasse in Hamburg" beim Reichstage zu unterstützen. Wir zweifeln nicht, dass nach Aufhebung der Liquidations-Kasse der Fachhandel solidere Wege und Garantien finden wird, um die für seine Zwecke notwendigen Termin-Operationen auszuführen.

Hochachtungsvoll

Die Handelskammer."

I.

Die erwähnte Hamburger Denkschrift stammt von der Handelskammer daselbst, welche solche Anfang April d. J. unserer Handelskammer ebenfalls übermittelte. Dieselbe ist veranlasst durch zwei Reskripte des kgl. preuss. Handelsministers an die preuss. Handelskammern, wovon das erstere, vom 17. Dezember 1888, wie folgt lautet:

„Eine grosse Anzahl von Handelskammern und kaufmännischen Korporationen, insbesondere diejenigen zu Frankfurt a. M., Wiesbaden, Halberstadt, Koblenz, Köln, Kassel, Düsseldorf, Münster

i. W., Harburg, Kiel, Flensburg, Stralsund, Oppeln, Thorn, Königsberg, haben in ihren Jahresberichten für 1887 über die Einführung des Terminhandels für Kaffee an der Hamburger Börse Beschwerde geführt. Sie führen, im wesentlichen übereinstimmend, aus, dass durch die Einrichtung des Terminhandels das ganze Kaffeegeschäft den soliden Charakter, den dasselbe bis dahin gehabt, eingebüsst habe, dass durch das Spekulieren ohne Rücksicht auf die Erzeugungs- und Absatzverhältnisse die Kaffepreise künstlich herabgedrückt oder in die Höhe getrieben würden, und dass viele Elemente sich jetzt dem Zeitgeschäfte in Kaffee aus Spekulationsinteresse zugewandt hätten, ohne dass sie den Artikel im mindesten kännten. Unter Bezugnahme auf diese Beschwerden, welche in den Jahresberichten der genannten Körperschaften zu finden sind, ersuche ich die Handelskammer, sich darüber gutachtlich zu äussern, ob ein Bedürfnis zur Einführung des Terminhandels in Kaffee an deutschen Börsen anerkannt wird, welche Vorteile oder Nachteile die Einführung gehabt hat, bezw. welche Vorteile oder Nachteile derselben insbesondere auch für den Loco-Kaffeehandel zu erwarten sind, ob der Loco-Kaffeehandel durch die Einführung des Zeitgeschäftes an ausländischen Börsen, insbesondere in Havre, thatsächlich nachteilig beeinflusst worden ist, und ob sich die etwa hervorgetretenen Nachteile und durch welche Mittel beseitigen lassen. Die Handelskammer ersuche ich, zu den Beratungen auch am Locohandel beteiligte Firmen hinzuzuziehen und demnächst über das Ergebnis zu berichten."

II.

In einem von der Handelskammer Wesel dem obenerwähnten Rundschreiben beigelegten Bericht wird nun versucht, den von Hamburg zu Gunsten des Terminhandels aufgeführten Gründen entgegenzutreten. Der Bericht richtet sich zunächst gegen die Hamburger Waren-

Liquidations-Kasse, und obwohl er eingehend die Nachteile und Schädlichkeit des Terminhandels nachzuweisen sucht, so stellen sich die Verfasser gleich am Eingange auf den Standpunkt, dass sie eigentlich nicht Gegner des Termingeschäftes seien, indem sie schreiben:

„Wie wir schon in unserer Eingabe vom 7. Juni a. p. betonten, sind wir keine Gegner des Termin-Geschäftes, wir haben derzeit selbst die gesunden Seiten desselben hervorgehoben, wir können also die Beweisführungen der Denkschrift in dieser Beziehung übergehen; der Gegenstand, gegen welchen sich unsere Bemühungen richten, ist

die Waren-Liquidations-Kasse,

weil ihre Thätigkeit eine fortdauernde Schädigung des National-Wohlstandes und National-Charakters bildet."

III.

Die Handelskammer Wesel ist also der Ansicht, dass der Hamburger Waren-Liquidations-Kasse die Schuld an den vielfach beklagten Ausschreitungen des Kaffee-Terminhandels in erster Linie beizumessen sei, dass dieselbe deshalb aufgehoben werden solle, und geht von der Voraussetzung aus, es werde sich alsdann der Terminhandel in gesunderen Bahnen bewegen.

Der Terminhandel mit Kaffee ist eine Einrichtung neuerer Zeit. Begründet wurde er in dem erfinderischen Amerika, wo New-York im Jahre 1880 die erste Terminbörse eröffnete, welcher im Jahre 1881 Havre, im Juni 1887 Hamburg folgte. Seitdem haben sich diesem Reigen angeschlossen: London, Amsterdam, Rotterdam, Antwerpen und Marseille.

Zur Regulierung der zum Abschluss kommenden Termingeschäfte sind an den meisten Börsenplätzen Liquidations-Kassen gegründet, welche beiden Kontrahenten die ordnungsmässige Erfüllung der abgeschlossenen und von ihr gebuchten Geschäfte garantiren. Die Liquidations-Kassa in Hamburg ist eine Aktien-Gesellschaft. In deren Händen liegt der ganze Terminhandel; sie hat grosse Machtvollkommenheiten, indem sie alle Bedingungen feststellt, unter denen Käufer und Verkäufer zugelassen werden, sich vorbehält, jederzeit diese Bedingungen, denen sich alsdann Makler und Händler ohne weiteres und im voraus zu unterwerfen haben, nach eigenem Ermessen zu ändern; sie verpflichtet die Makler, alle Termingeschäfte ausschliesslich durch ihre Vermittlung zu machen, und zwingt dadurch den Handel, auch in den Fällen seine Operationen unter ihre Kontrolle zu stellen, wo ihm die Garantie der Kasse entbehrlich oder unerwünscht ist; sie schliesst also eine jede Konkurrenz von vorneherein aus. Ohne Zweifel kann das Termingeschäft in Hamburg infolge der Thätigkeit der Liquidations-Kassa einen ungeahnten raschen Erfolg aufweisen und hat sich dasselbe in allen Richtungen sehr ausgedehnt. Dabei macht die Kasse vorzügliche Geschäfte; sie konnte laut Jahresbericht vom 16. Februar 1889 für die ersten 1½ Jahre ihres Bestehens bei einem eingezahlten Aktien-Kapital von M. 750000 mit einem Reingewinn von M. 1342045 abschliessen — ein Resultat, das jedenfalls Staunen erregen muss und zum Nachdenken auffordert.

Ob übrigens dem Übel durch einfache Beseitigung der bekämpften Kasse wirklich abgeholfen wäre, ist eine Frage, die ich nicht unbedingt bejahen möchte; — ich glaube, dass das Übel tiefer, nämlich im Terminhandel, wie er jetzt betrieben wird, selber liegt, und dass es, wenn eine Gesundung herbeigeführt werden soll, bei der Wurzel anzufassen und auszurotten ist.

Es erscheint deshalb nötig, dass ich mich mit dem Terminhandel selbst näher beschäftige, indem ich folgende, teilweise auch in dem erwähnten Rundschreiben des preuss. Handelsministers aufgeworfene Fragen behandle:

1. Ist der Terminhandel im Kaffeegeschäfte überhaupt notwendig oder nicht?
2. Lag ein Bedürfnis zur Einführung an deutschen Börsen bezw. Hamburg vor?
3. Welche Vorteile oder Nachteile brachte der Terminhandel besonders in Bezug auf den Locohandel im Binnenverkehr?

Wie mancher andere Artikel der Kolonialwaren-Branche, bildet besonders Kaffee schon seit geraumer Zeit einen beliebten Spekulationsgegenstand. — Die Eigenschaft, dass der Artikel nicht im Erntejahr selbst konsumiert werden muss, durch längeres Lagern nicht verliert, sondern sogar gewinnt, befähigen ihn hierzu in hervorragender Weise. Seine Produktion ist nur auf ferne Länder angewiesen; reichlichere Ernten wechseln naturgemäss ab mit weniger ergiebigen, so dass der an und für sich bedeutende Artikel zunächst dem Fachhandel, sowie auch dem Kapital häufig Gelegenheit zu spekulativem Eingreifen bot. Aussergewöhnliche Vorgänge, wie Missernten, Störung des Gleichgewichts durch Zunahme des Konsums und Abnahme der Vorräte führten auch früher zu grossen Konjunkturen und veranlassten durch Bildung von Syndikaten, wie in den Jahren 1847, 1872/73 — gewaltsamen Einschreitungen nnd grosse Störungen im Fachhandel. Dies beschränkte sich jedoch auf Ausnahmen, welche vorübergehend waren und die dem soliden Fachhandel weichen und demselben das Feld alsbald wieder überlassen mussten. Die Schwankungen vollzogen sich im allgemeinen in grösseren Zwischenräumen, und da mehr die thatsächlichen Umstände sie veranlassten, so konnten solche von den sich mit dem Artikel Beschäftigenden auch eher verfolgt und zu ihren Gunsten, sowie zu Gunsten des Konsums ausgenützt werden. Dagegen gab es wieder grosse Zwischenräume, während welcher der Artikel oft Jahre lang keine Veranlassung zu spekulativem Eingreifen bot und der Handel mit der Vermittlung zwischen dem Produktionsland und dem Konsum unter bescheidenem und redlichem Gewinn vor sich ging.

Mit Einführung des Terminhandels hat sich ein neuer Faktor in die Vermittlung zwischen Produktion und Konsum eingedrängt, ja nicht nur etwa gleichberechtigt eingedrängt, sondern er hat förmlich die Führung übernommen und durch seine Extravaganzen den früheren soliden Handel stark erschüttert und unsicher gemacht. Zu Gunsten des Terminhandels wird von den Vertretern desselben, wie auch in der erwähnten Hamburger Denkschrift angeführt, dass derselbe im gegenwärtigen Zeitalter des Dampfes und der Elektrizität, für den Grosshandel, wenn er sich seinen Platz auf dem Weltmarkt sichern will, nicht zu entbehren sei; er soll als Versicherung dienen für den Importeur, welcher die Preisschwankungen zwischen der Zeit der Abladung in fernen Landen und der Zeit der Ankunft am europäischen Seeplatz nicht auf sich nehmen will; er soll dem Grosshandel die Möglichkeit gewähren, durch Abschlüsse auf spätere Lieferungstermine sich einen ihm günstig erscheinenden Preis für zu erwartende Ware zu sichern; er soll endlich auch den Besitzer von effektiver Ware in den Stand setzen, sein Lager zu versichern auf die Weise, dass er, sofern er glaubt, ein erreichter hoher Kurs werde nicht so lange halten, als bis er seinen Vorrat umgesetzt hat, eine entsprechende Quantität an der Börse verkauft und sich auf diese Weise den Nutzen sichert.

Wenn der Terminhandel in diesem Rahmen geführt würde, nur diese Aufgaben sich zum Ziel setzte, so liesse sich ganz gewiss nichts dagegen einwenden. Lieferungsgeschäfte und Spekulation im Warenhandel haben ihre volle Berechtigung, sowie auch viele Industriezweige ohne Lieferungsabschlüsse nicht existieren könnten. Das Termin-Geschäft gibt sich wohl den Schein eines Lieferungsgeschäftes, ist aber nach und nach zu einem Spiel ausgeartet und zwar zu einem Spiel der schlimmsten und gefährlichsten Art, welches die Moral in der Geschäftswelt untergräbt, die Solidität und das Vertrauen, das die Branche ehedem genossen hat, vernichtet und den Nationalwohlstand schädigt. Mit dem Terminhandel haben sich Elemente in den Artikel hineingedrängt und die Oberhand erhalten, welche von einem Liefern und Empfangen nichts wissen wollen, sondern nur darauf ausgehen, durch grössere oder kleinere Schwankungen ihre Differenzen einzuheimsen. Das Spiel, um das es sich handelt, ist an den europäischen Plätzen good average Santos, das kleinste Quantum in Havre und in Hamburg 500 Sack. Die Verleitung hierzu ist um so grösser, als der Einsatz in der Regel nur M. 3.— p. Sack = M. 1500 für 500 Sack, beträgt. Nach einer mir vorliegenden Tabelle wurden an sieben Terminbörsen (New-York und sechs europäische exkl. London, wovon die

Buchungen nicht bekannt waren), vom 1. Januar bis 15. Dezember 1888 umgesetzt: 61 685 250 Ballen. Demnach wäre, nachdem Brasilien, dessen Produktion tonangebend ist, bei einer guten Ernte 6 Millionen Ballen erzeugt, diese Jahresproduktion an den Börsen allein mehr als zwölfmal umgesetzt worden. Der Wert dieses Umsatzes beziffert sich bei einem Durchschnittspreis von 70 Pf. p. Pfund auf ungefähr 5000 Millionen Mark; die daraus an Makler, Kommissionäre und Liquidations-Kassen bezahlte Kommission von 1½% auf circa 75 Millionen Mark. Diese Ziffern benötigen keines weiteren Kommentars; sie beweisen die Überspekulation, und dass von einer derartigen Überspekulation der Handel und der Konsum vorteilhaft beeinflusst ist, wird besonders in Anbetracht der in den letzten Jahren durchgemachten Erfahrungen niemand ernstlich behaupten können. Das Getriebe an den Terminbörsen hat sich auch thatsächlich zu einem reinen Spiel entwickelt und wir sehen bei unserer vorgeschrittenen Zivilisation Dinge vor sich gehen, gegenüber denen die früheren Spielbanken in Baden-Baden, Wiesbaden und Homburg, sowie die noch existierende in Monaco, reine Kinderei genannt werden können. Die Kundschaft der Terminmärkte beschränkt sich natürlich nicht auf die Börsenplätze, sondern sucht ihre Klienten mit Vorliebe im Binnenland. Zu diesem Zwecke werden Agenten aufgestellt, welche die Spekulationslust erwecken und zu Geschäften animieren. Dieselben wählen sich ihre Leute nicht nur in Fachkreisen, sondern in allen denkbaren Gesellschaftskreisen aus, suchen dieselben täglich in ihren Privatwohnungen auf und verleiten durch kluge Ratschläge Leute zu riskierten Unternehmungen, welche vorher nie daran dachten und auch keinen Begriff von der Wichtigkeit, dem Wert und der Gefahr des Artikels besitzen. Wer an einer Spielbank sein Geld verliert, muss dasselbe in erster Linie auch besitzen und das Opfer persönlich unter Aufopferung von Zeit an Ort und Stelle tragen. Das alles ist bei einer Beteiligung am Kaffee-Terminhandel nicht nötig. Der verhältnismässig kleine Einschuss wird unter Umständen kreditirt, und erst wenn Preisschwankungen zum Nachteil eintreten, müssen die Nachschüsse unter dem ominösen Namen „Margen" geleistet werden. So wird die Spielwut förmlich grossgezogen, und wenn hierüber statistische Aufzeichnungen existierten, würde man wahrscheinlich staunen, welche Opfer dieselbe verschlungen hat.

Die vielen und verschiedenen Elemente, welche am Terminhandel beteiligt sind, können sich mit dem gewöhnlichen Lauf der Dinge nicht befriedigen. Es ist für dieselben nichts zu holen, wenn der Artikel in seinem normalen Fahrwasser läuft. Der Erfindungsgeist hat deshalb alle möglichen neuen Blüten gezeitigt, um möglichst viel Leben und Bewegung ins Geschäft zu bringen. Ernteschätzungen und Witterungsberichte, welche der Telegraph bereitwilligst übermittelt und die häufig nach Bedürfnis der einen oder der anderen Clique gekabelt werden, müssen herhalten, um das Interesse wach zu halten und die Spekulation zu beeinflussen. — Was in dieser Beziehung in den letzten Jahren geleistet wurde, übersteigt in der That alle Begriffe. Sehr häufig werden Kabelberichte gemeldet, welche nur von einem persönlichen Interesse diktiert sind, und wenn sie noch so unwahrscheinlich lauten, trotzdem je nach der Stimmung des Marktes

Anklang finden und ausgebeutet werden. Allerdings sind die letzten Jahre einem derartigen Sensationsbedürfnis sehr günstig gewesen. Für das Jahr 1887/88 stand eine Missernte in Aussicht. Als Beginn des Erntejahres wird der 1. Juli angenommen. Bereits in der zweiten Hälfte des Jahres 1886 begann in Rücksicht auf die Missernte und den sich im Jahre 1888 wahrscheinlich fühlbar machenden Mangel eine steigende Bewegung, welche im Jahre 1887 nach den Kursen in Havre folgenden Verlauf nahm:

17. Febr.	15. April	1. Juni	13. Juni
Fr. 74½	90.—	125.—	107.—

30. Juni	19. Juli	29. Nov.	31. Dezbr.
Fr. 93½	112.—	90.—	101.—

Gerade zur Zeit, als die Wirkung der Missernte hätte eintreten müssen, Anfang 1888, verursachten die Nachrichten über brillante Aussichten für 1888/89 und übertriebene Ernteschätzungen eine Baisse und nahmen die Notierungen in Hamburg 1888 folgenden Verlauf:

3. Jan.	27. Jan.	24. Febr.	4. April
Pf. 82½	65.—	54.—	66.—

19. April	30. Mai	28. Juni	4. August
Pf. 59.—	78.—	61½	59½

7. Sept.	1. Okt.	23. Okt.	5. Dez.	20. Dez.
Pf. 135—200	68¼	69½	88.—	77.—

Wir sehen also vom Februar 1887 bis Februar 1888 bei gesundester Lage, welche eine naturgemässe Steigerung und anhaltend höhere Preise rechtfertigte, dreimal einen Krach, den die Überspekulation verschuldete. Welche Vermögensverschiebungen diese Bewegungen für den Kaffeehändler verursachen, der zu seinem Geschäftsbetriebe ein grösseres Lager halten muss, das er nicht so schnell wie Papier-Kaffee umsetzen kann, erhellt aus folgender Übersicht:

1887: Steigerung in 3½ Monaten 68% — Preisfall im folgenden 1 Monat 26%; Steigerung der nächsten 19 Tage 17% — Preisfall in folgenden 4⅓ Monaten 20%; Steigerung in 1 Monat 12% — nachfolgender Preisfall in nicht ganz 2 Monaten 33%.

Dass derartige Bewegungen einem Jobbertum, wie es existiert, und den Kommissionären, welche ungeheure Provisionen einheimsen, Freude macht, ist begreiflich; für den Fachhändler kann daraus keine Befriedigung und kein Vorteil erwachsen.

Die hübscheste Erfindung übrigens, welche das Termingeschäft als Spiel kennzeichnet, ist das »Prämiengeschäft«. Ein mir vorliegender Artikel aus einer Hamburger Zeitung schreibt darüber:

Eine „Prämie" für Kaffee-Termine bezahlen heisst, dass jemand einem Gegen-Kontrahenten eine gewisse Anzahl Pfennige per Pfund bezahlt für die von Letzterem gewährte Erlaubnis, diesem innerhalb einer gewissen Frist — oft bis zu 11 Monaten hinaus! — ein bestimmtes Quantum Kaffee zu einem am Tage des Kontraktes übereingekommenen Preise zu liefern, oder es von ihm zu fordern, oder auf Beides zu verzichten.

Es gibt darin verschiedene Variationen, z. B.:

Vor-Prämien: der Bezahler setzt ein für das Recht „zu verlangen".

Rück-Prämien: der Bezahler setzt ein für das Recht zu liefern.

Doppel-Prämien: der Bezahler setzt ein für das Recht zu empfangen oder zu liefern.

Noch- Vor-Prämien: der Bezahler kauft und setzt ein für das Recht, das gleiche Quantum zum gleichen Einsatz und Preise „doppelt" zu verlangen.

Doppel-Noch-Vor-Prämien: der Bezahler kauft und setzt ein für das Recht, das gleiche Quantum „dreimal" zu verlangen.

Noch-Rück-Prämien: der Bezahler verkauft und setzt ein für das Recht, das gleiche Quantum „doppelt" zu liefern.

Doppel-Noch-Rück-Prämien: der Bezahler verkauft und setzt ein für das Recht das gleiche Quantum „dreimal" zu liefern.

In den ersten drei Fällen hat der Bezahler das Recht, ganz zu verzichten, in den letzten vier, auf die »Nochs« zu verzichten.

Man braucht nur diese Speisekarte anzusehen, um sofort zu erkennen, dass dieses kein Warenhandel mehr, sondern von der einen Seite nichts anderes, von der andern Seite wenig mehr als ein reines Hazardspiel, als ein reines »Wetten« ist, und dass die einzigen Unterschiede dieser Transaktionen vom altherkömmlichen Spieltische die sind, dass die erlaubten kleinsten Einsätze selten unter M. 2000.— für die kleinste Wette sind, während an jenen sie bescheidener waren; dass an den alten Spielbanken den Einsätzen und möglichen Verlusten eine Grenze gesetzt war, während hier beide unlimitiert, letztere sogar unberechenbar sind und die Mittel der Spieler überschreiten können; dass jene Spielbanken und ihre Chancen wie alle Lotterien vom Staate reguliert und beaufsichtigt waren, während hier die Bank selbst in eigener Machtvollkommenheit ihre Regeln niederlegt, und nicht einmal die daraus ersichtlichen Chancen garantiert; denn sie behält sich vor, das Reglement zu ändern, wenn es ihr beliebt, also auch wenn sie ihre Existenz durch den Lauf des Spiels bedroht sieht, wie es im vorigen September den Anschein hatte.

IV.

Diese Prämiengeschäfte, welche gerade in letzter Zeit sehr überhand genommen haben, machen den Markt durch die enormen Engagements, die daraus hervorgehen, unsicher, und beschleunigen die jeweils eintretenden Katastrophen, was besonders in den letzten Wochen der Fall war. Neuerdings, im Monat Juni, ist nämlich der Artikel infolge Spekulationsausschreitungen im Zeitraum von 14 Tagen um 16½ Pf. (von 85½ auf 69 Pf.) gefallen. Nachdem Monate lang eine Hausse-Partei die Preise auf der Höhe hielt und höher zu treiben versuchte, indem sie alles Angebot aufnahm und sich dadurch überlud, führte eine sogar zweifelhafte Nachricht aus Rio zu einem Rückgang, dessen Schärfe den Prämien-Engagements zuzuschreiben ist. Um die enormen Machinationen zu kennzeichnen, erwähne ich, dass der Führer der Hausse, ein altes, berühmtes Hamburger Haus, das Ende 1888 mit einem Überschuss von 8 Millionen Mark abgeschlossen haben soll, Ende Juni an Differenzen allein 8 Millionen, davon 6 für Kaffee, zu bezahlen hatte.

Meine Herren! Sind solche Unternehmungen Aufgabe des Handelsstandes? Sind das gesunde, berechtigte Spekulationen? Können solche Vorgänge für den Handel selbst von Nutzen sein? Ich für meinen Teil muss diese Fragen entschieden verneinen und komme deshalb zur Beantwortung meiner ersten Frage, dass der Terminhandel im Kaffee-Geschäfte nicht notwendig ist.

Wenn der Kaffeehandel schon vor Einführung der Termingeschäfte im grössten Umfange sich bewegen konnte, so können letztere jetzt, bei den verbesserten Transportmitteln, bei den direkten Kabelverbindungen mit den Produktionsländern, um so eher entbehrt werden. Durch diese Mittel kommt die Ware um vieles rascher an den europäischen Bestimmungsort, und das Risiko des Importeurs wäre ohne die schwankenden Terminbörsen nicht von Bedeutung. Wenn übrigens ein Risiko für den Importeur oder gar für den Pflanzer besteht, so halte ich dafür, dass diese naturgemäss diejenigen Elemente sind, welche ein Risiko am ersten ertragen können und es nicht auf andere Schultern abzulenken brauchen.

Was die zweite Frage anlangt, ob ein Bedürfnis zur Einführung des Terminhandels an deutschen Börsen vorlag, so muss dieselbe aus folgenden Gründen bejaht werden.

In New-York und Havre bestanden, wie Sie gehört haben, schon vorher solche Börsen, und es wurde daselbst flott spekuliert. Die Spekulationslust war nach und nach auch in Deutschland ziemlich angefacht, und weil man noch nicht in Hamburg spekulieren konnte, wendete man sich nach den genannten Plätzen des Auslandes, welche damals schon im Inlande ihre Agenten hielten. Es würde also mit einem Verbot des Terminhandels in Deutschland nur erreicht werden, dass die Geschäfte im Auslande weiter gemacht, eine Anzahl der jetzigen Vermittler ihr Domizil ändern und die Provisionen, anstatt nach Hamburg, ins Ausland fliessen würden. An der Beeinflussung des Marktes könnte sich durch Aufhebung einer einzelnen Terminbörse gar nichts ändern.

Auch das Geschäft mit effektiver Ware in Hamburg würde darunter leiden, weil durch das Termingeschäft viel Ware nach denjenigen Orten, welche dasselbe pflegen, geleitet wird; diese Warenmengen bilden wieder reichliches Material für den Handel selbst, weshalb derjenige Platz, der das Termingeschäft treibt, dem andern, wo dasselbe verboten wäre, voraus ist.

Wenn deshalb in dieser Sache eine Gesundung herbeigeführt werden soll, so kann solche nur durch internationales Vorgehen erreicht werden, das sich eventuell auch auf andere Lebensmittel ausdehnen könnte. Wenn es möglich war, aus moralischen Gründen die Spielbanken in den zivilisierten Staaten aufzuheben, wenn man selbst in dem freien Amerika damit umgeht, die sogenannten »Trusts« einzuschränken oder zu beseitigen, wenn ein internationales Vorgehen zur Aufhebung der Zuckerprämien möglich ist: warum sollte nicht einem Treiben, wie dem Terminhandel in den notwendigsten Lebensbedürfnissen, gemeinsam von allen Staaten entgegengetreten werden? Es ist mir bekannt, dass sogar in Amerika im Sommer 1887 nach dem grossen Krach, wobei der daselbst gehandelte Rio-Kaffee von Dollar 22.— auf Dollar 16.—gefallen ist, in der Presse allgemein Stimmen zu Gunsten eines derartigen Verbotes sich erhoben hatten. Die Auswüchse, die nach meiner Ansicht nicht vorübergehend sind, werden in ihren Wirkungen die Notwendigkeit einer energischen Einschreitung früher oder später herbeiführen müssen. Je eher indessen dies geschieht, um so segensreicher wird es für den gesamten Handel, sowie für die konsumierenden Völker sein! —

Die Stimmen nach Abhilfe mehren sich übrigens zusehends, und wenn eine Anzahl preussischer Handelskammern auf die Anfrage des preussischen Finanzministers zu Gunsten des Terminhandels sich aussprach, so ist es sehr fraglich, ob sie dies heute noch thun würden, besonders wenn die Frage nicht nur in Bezug auf Deutschland, resp. Hamburg gestellt würde. Von mir vorliegenden Berichten der Presse und erster Firmen aus Fachkreisen erwähne ich: Die »Augsburger Abendzeitung« schreibt in ihrem Handelsbericht vom 14. Juli: »Hoffen wir, dass die Zeit nicht ferne ist, in welcher staatlicherseits das Zeitgeschäft mit Lebensmitteln in Zukunft verboten wird.« — Die »Frankfurter Zeitung« vom 10. Juli l. J.:

Aus hiesigen Geschäftskreisen erhalten wir eine Zuschrift, welche darauf hinweist, dass die rapiden Schwankungen, welchen bei der wilden Spekulation in Kaffee die Preise unterworfen sind, den Zwischenhandel vollständig vernichten. Motiviert wird das mit der Angabe, dass der Zwischenhandel jedem Rückgang des Preises unbedingt folgen müsse, während er sich einer Aufwärtsbewegung immer nur in sehr beschränktem Masse anschliessen könne. Dem ist entgegenzuhalten, dass gerade in dem Artikel Kaffee ein Aufhören des Zwischenhandels absolut undenkbar wäre, indem eine Vermittlung zwischen dem Produzenten und dem Konsum niemals wird aufhören können. Dass der Zwischenhandel unter den Übertreibungen der Spekulation zu leiden hat, ist allerdings Thatsache, und es verdient deshalb der in dem gedachten Schreiben gemachte Vorschlag Beachtung, dass sämtliche Kaffeehändler sich vereinigen sollen, um einen Weg zu finden, auf welchem sie dem ihnen durch die Spekulation zugefügten Schaden begegnen können.

V.

Ein in Santos und London domizilierender bedeutender Händler, früher hervorragender Termin-Kommissionär, äussert sich in einem Brief an mich: »Freilich wäre es für das legitime Geschäft viel besser, wenn keine Terminmärkte da wären; aber das ist eben nicht zu ändern.« Eines der bedeutendsten Hamburger Häuser berichtet: »Von einem bona fide-Geschäft ist seit geraumer Zeit nicht mehr die Rede, und ist der Markt vollständig der Spielball und Tummelplatz der Jobber, welche die Preise nach Willkür hin- und herwerfen.« Ein Havre'ser Haus: »Wir haben uns an dieser Stelle wiederholt über die Gefahren ausgesprochen, welche eine frivole und in der Wahl ihrer Aktionsmittel rücksichtslose Spekulation über den Artikel heraufbeschworen hat, und können daher in den Ereignissen der letzten Tage nur den Anfang einer Reaktion erblicken, wie sie aus so ungesunden Zuständen mit Naturnotwendigkeit hervorgehen musste.« — Ein anderes Havre'ser Haus: »Das Schauspiel aber, dem wir während der letzten vier Tage anwohnten, verdient eine andere Bezeichnung — die eines willkürlichen und zügellosen Treibens, dem gegenüber fast der gesamte legitime Kaffeehandel eine unthätige und ratlose Stellung einnahm und einzunehmen gezwungen war; denn im Moment, wo der Schwindel derartige Blüten treibt und der Markt auf alles sich regelt, nur nicht auf das, was Vernunft und Überlegung heisst, stehen die Verlust-Chancen zu denen eines Gewinnes ausser Verhältnis.« — Ein anderes grosses Haus in Havre: »Der Fachhandel ist genötigt, sich dem Treiben an dem Terminhandel gegenüber vollständig abwartend zu verhalten. Der verderbliche Einfluss der nichtswürdigen Prämien-Operation beherrscht nahezu ausschliesslich den Preisgang und macht es unmöglich, die Fluktuationen auch nur auf Stunden hinaus zu beurteilen.« — Endlich ein weiteres Havre'ser Haus: »Käufer waren Einkassierer von Doppelprämien und kleinem Short, das sich im Laufe der Zeit gebildet hatte; seit vorgestern sind für Fakultäten und Prämien wenigstens 100 000 Sack gekauft worden. Es sind dies äusserst ungesunde Zustände, und Bewegungen, wie die vorliegenden, führen unseren Markt Zuständen entgegen, die mindestens ebenso ungesund sind, wie an unseren Nachbarmärkten. — Heute Nachmittag geben die Herren Leuba & Cie. Mitteilung einer ziemlich apokryphen Rio-Depesche. Nach derselben soll die »Bourse de Rio« die laufenden Ernten auf 1 1/2 Millionen Sack schätzen, den Saldo im Innern auf 3/4 Millionen. — Vielleicht geben auch nächstens die »Fliegenden Blätter« eine Schätzung ab und die Herren Leuba & Cie. machen sich um deren Verbreitung verdient. — Sie sehen hieraus, wie in den ersten Fachkreisen geurteilt wird.«

Ich füge dem nur noch eine eigene interessante Erfahrung hinzu.

Ich habe in den letzten Jahren vielfach Gelegenheit gehabt, mich mit ersten Fachleuten des In- und Auslandes, auch solchen, welche als Kommissionäre mitten im Termingeschäft drinnen stecken und dasselbe kommissionsweise betreiben, zu unterhalten. Es hat mir auf meine Gründe nicht ein Einziger die Notwendigkeit des Termingeschäftes aufrecht erhalten können. Den Schwindel musste jeder zugeben mit dem Schluss: Das Unheil ist eben einmal da, man muss damit rechnen und es so gut als möglich ausnützen! —

Wenn ich mich nun nach Vorteilen umsehe, welche das Termingeschäft dem Fachhandel, besonders dem Fachhandel des Binnenlandes brachte, so suche ich solche vergebens. Die allenfalls in Betracht kommende Möglichkeit, bei einem befürchteten Rückgang durch Blanco-Abgaben sein Lager zu versichern, kann durch die Möglichkeit eines »Corner« ein sehr zweischneidiges Schwert werden. Kauft dagegen der Händler auf entferntere Termine, mit der Absicht, die Ware s. Zt. abzunehmen und für seine Kundschaft zu verwenden — was allerdings den Vorzug hätte, für die Terminware bis zur Abnahme kein Kapital zu benötigen — so wird es wohl selten zur Abnahme kommen, denn wie wir aus den Schwankungen gesehen haben, hält sich eine steigende Konjunktur nicht allzu lange. Es wird demnach der betreffende Händler bei günstiger Gelegenheit seinen Gewinn am Terminmarkte einheimsen. In der Beteiligung am Terminhandel an und für sich liegt aber für den Händler, sowie für den Kolonialwarenhandel überhaupt eine grosse Gefahr. Selbst zugegeben, dass der Grosshändler, der ja gezwungen ist, für den Bedarf seiner Kundschaft stets ein gewisses Lager zu halten, bei den häufigen Schwankungen ab und zu eine Termin-Operation für notwendig findet, liegt für ihn, der im Geschäfte drinnen steckt, täglich so und so viele Berichte und Depeschen erhält, von Agenten persönlich animiert wird, die Gefahr zu nahe, sich zu weit einzulassen. Beispiele ähnlicher Art sind ja in den letzten Jahren genügend dagewesen, und müssen solche ganz gewiss Vertrauen und Kredit in der ganzen Branche stark erschüttern.

Der Einfluss der Terminmärkte auf die Preisbewegung ist für den Engros- wie für den Detail-Handel, gleichzeitig aber auch für die Konsumenten höchst nachteilig.

Ich habe im Laufe meiner Ausführungen Urteile von Fachleuten angeführt, welche den verderblichen Einfluss für den Grosshandel beleuchten. Nicht mehr die thatsächlichen Verhältnisse von Angebot und Nachfrage bilden den Anhaltspunkt für den Preislauf des Artikels, sondern die Macht, die Geschicklichkeit und die Verwegenheit der gerade siegreichen Partei. Die an einem bewegten Tage einlaufenden Aufträge zum Kaufe oder Verkaufe von hunderttausenden Ballen Kaffee, welche nicht existieren, beschleunigen die auf- oder abwärts gehenden Bewegungen auf eine erschreckende Weise. Der Terminhandel kann ohne Bewegungen nicht existieren und sucht deshalb fortwährend durch erlaubte und unerlaubte Mittel solche herbeizuführen — daher die häufigen Schwankungen. Bei steigenden Preisen kann der Grosshändler im Inlande den raschen Bewegungen der Börsenpreise nicht folgen, und es ist vorgekommen, dass derselbe wochen- und monatelang M. 10.—, 20.— und selbst M. 30.— p. Ztr. billiger verkaufte, als die Kurse dies erlaubt hätten. Während also die steigenden Konjunkturen nur teilweise ausgenützt werden können, muss einem Rückgang in der Regel sofort gefolgt werden; wenn der Artikel von der Baisse, welche gerade wieder am Ruder ist, selbst weit unter seinen eigentlichen Wert geworfen wird, ist der Händler gezwungen, seine Ware, die er teurer bezahlt hat, zu dem von den Börsianern diktierten Preis zu verschleudern.

Andererseits verteuern der Terminhandel und die damit verbundenen Operationen häufig den Artikel über Gebühr. Die Vorgänge in den letzten 8 Monaten beweisen dies klar genug. Wie bereits erwähnt, gelang es einer Hausse-Vereinigung, die Preise während dieser Zeit auf einer künstlichen Höhe zu halten, obwohl gerade während dieser Periode Brasilien seine grösste je dagewesene Ernte von circa 7 Millionen Sack zur Anlieferung brachte, die Vorräte auf allen Stapelplätzen zusehends anwuchsen, also nicht nur kein Mangel, sondern sogar Überfluss an Ware vorhanden war. Auf diese Weise wurde den Produktionsländern für ihren Kaffee von den Konsumländern, wie man berechnet, gegen 300 Millionen Mark mehr bezahlt, als sie unter andern Verhältnissen ohne Terminmärkte wahrscheinlich erhalten hätten, als der reelle Wert hätte sein können, bei welchem die Pflanzer auch noch ein annehmbares Geschäft gemacht haben würden.

Durch die Einschiebung des Terminhandels wurde der legitime Handel so gestört, dass direkte Bezüge des binnenländischen Grosshändlers vom Produktionslande selbst zeitweise unmöglich sind. Je weniger Hände eine Ware zu durchlaufen hat, desto billiger kann sie — wenn keine störenden Elemente dazwischen treten — dem Konsum überlassen werden. Die direkten Bezüge von Kaffee aus den Produktionsländern mit Umgehung der Vermittelung eines Seeplatzes nahmen einen beträchtlichen Umfang an; wegen der in den letzten Jahren rasch folgenden Schwankungen jedoch, ist das Risiko direkter Bezüge zu gross. Die Freunde des Terminhandels geben allerdings den guten Rat, als Versicherung Termin zu verkaufen. Dadurch wird indessen ein neues Risiko eingegangen und auf alle Fälle die Ware um 1½% Provision und andere Nebenspesen für das Termingeschäft verteuert. Bei 1000 Ballen beträgt bei einem Preis von 80 Pf. p. ½ Kilo diese Provision mit Nebenspesen circa M. 1500, mithin schon einen ganz ansehnlichen Teil des Nutzens, den der Grosshändler überhaupt nehmen kann.

Am schlimmsten ist indessen seit der Blütezeit des Termingeschäftes der Detailhändler daran. Ihm ist es am wenigsten möglich, den Schwankungen des Marktes sofort zu folgen; bei steigenden Märkten zwingt ihn seine Konkurrenz und das Widerstreben des Publikums, so lange als nur möglich billig zu verkaufen, und wenn seine billigen Vorräte zu Ende sind, so muss er neu gekaufte teuere Ware mit sehr kleinem, oft auch ohne Nutzen absetzen; inzwischen fällt wieder der Markt, einzelne

Nachbarn, welche in der Lage sind, gerade kaufen zu können, nötigen ihn, mit den Preisen herunterzugehen und seinen jetzigen Vorrat sogar mit Verlust loszuschlagen.

Wenn demnach an der Behauptung der Hamburger Denkschrift, »dass erfahrungsgemäss die Preise im Zwischenhandel wenig, im Detailhandel so gut wie gar nicht den Schwankungen des Terminmarktes folgen«, etwas Wahres ist, so ist für diesen Umstand dem Terminmarkt ganz gewiss kein Loblied zu singen. Die erwähnten Handelszweige müssen eben neben dem Konsum einen grossen Teil der Schwankungen und der Millionen, welche an Provisionen in die Taschen der Herrn an den Terminmärkten fliessen, aus ihrer Tasche bezahlen! — Es wird dadurch die Existenz eines grossen Teiles der binnenländischen Händler geschädigt und mit der Zeit sogar in Frage gestellt; ich kann nicht umhin, diesen Punkt ganz besonders zu betonen.

Die Herren Nietschmann & Oehme in Berlin haben das Verdienst, mit zu den ersten zu gehören, die den Kampf gegen das Termingeschäft aufgenommen haben. Von denselben wurde auch dem deutschen Reichstag eine Petition im September 1888 unterbreitet, welche wahrscheinlich dazu beitrug, den preuss. Herren Finanzminister zu den eingangs erwähnten Erhebungen zu veranlassen. Wenn ich auch mit einem Teil des Petitums Nietschmann & Oehme, soweit es die Untersagung des Terminhandels lediglich in Deutschland betrifft, nicht einverstanden bin, so wünsche ich doch, dass deren Bemühungen, eine Besserung herbeizuführen, von Erfolg begleitet sein mögen.

Überzeugt, dass auch die Oberbayerische Handels- und Gewerbekammer ein lebhaftes Interesse daran hat, Missstände der geschilderten Art, welche des Handelsstandes nicht würdig sind, beseitigen zu helfen, schlage ich folgende Resolution vor:

»Die Handels- und Gewerbekammer für Oberbayern kann sich von der Notwendigkeit der Terminmärkte für Kaffee nicht überzeugen. Sie erkennt an, dass die Nachteile, welche seit Einführung der Terminmärkte dem Handel mit diesem wichtigen Lebensmittel zugefügt wurden, die allenfalls zu Gunsten einzelner Kreise geltend gemachten Vorteile weitaus überwiegen; es wäre deshalb erstrebenswert, durch internationale Verhandlungen ein Verbot dieses Termingeschäftes zu erzielen, welches in Anbetracht der in den jüngsten Tagen bekannt gewordenen Vorgänge auf dem Zuckermarkte eventuell auf das Termingeschäft mit allen notwendigen Lebensmitteln ausgedehnt werden könnte.«

Diese Resolution beantrage ich, an den deutschen Reichskanzler mit der Bitte um wohlwollende Erwägung abgehen zu lassen. Der Handelskammer in Wesel beantrage ich, von unserem Entschluss Mitteilung zu machen und ihre Anfrage dahin zu beantworten, dass wir uns von der Aufhebung der Liquidations-Kasse in Hamburg keinen Erfolg hoffen, wenn der Terminhandel an und für sich und die Terminkassen an den anderen Plätzen bestehen bleiben, weshalb wir davon absehen müssen, uns einer diesbezüglichen Petition anzuschliessen, dagegen unsere Resolution zur gleichartigen Behandlung empfehlen.

Schliesslich beantrage ich, die vorgeschlagene Resolution dem Präsidium des deutschen Handelstages mit dem Ersuchen zu übersenden, in einer seiner nächsten Ausschusssitzungen den Gegenstand zu behandeln, sowie ferner die Resolution sämtlichen deutschen Handels- sowie Handels- und Gewerbekammern mit der Bitte um Anschluss zu überreichen.

Es ist nun ganz besonders bemerkenswert, dass die Oberbayerische Handels- und Gewerbekammer, welche in ihrer Zusammensetzung über eine nicht unbeträchtliche Anzahl von Stimmen sogen. „Freihändler" verfügt, die von Herrn Wilhelm eingebrachte Resolution einstimmig angenommen, einen etwas abmildernden Eventual-Antrag dagegen abgelehnt hat.

Ohne eine Polemik über die erwähnte Resolution eröffnen zu wollen, möge es mir gestattet sein, meine Stellung zu diesem Punkte kurz zu kennzeichnen.

Wie Herr Wilhelm, so gelangte auch ich auf Grund von Erfahrungen und Studien zu dem Schlusse:

„Dass der Börsen-Terminhandel im Kaffee-
„Geschäfte dem Seeplatzhandel keinen Nutzen,
„dem binnenländischen Fachhandel nur Schaden
„bringe und daher zu verbieten sei."

Ich befürchte indessen, dass der von genanntem Herrn zur gründlichen Beseitigung des Übels vorgeschlagene internationale Weg kaum oder zu spät zum Ziele führen wird, und halte es für geboten, dass der gesamte Fachhandel inzwischen auf dem Wege der Selbsthilfe vorgeht, um wenigstens einer Verschlimmerung vorzubeugen.

Als eine der dringendsten Reformen erachte ich die vollständige Umgestaltung der Waren-Liquidationskassen, welche in ihrer heutigen Gestalt und geschäftlichen Handhabung die Katastrophen nur fördern und beschleunigen.

Freilich wäre es für die Erhaltung der Freiheit des Handels am besten, wenn die Schöpfer und heutigen Leiter der Kassen in Erkenntnis der drohenden Gefahren aus eigener Initiative vorgehen würden, anstatt abzuwarten, bis ein Druck sie hiezu zwingt. Die Devise, welche kürzlich ein Hamburger Freund in einem Privatbrief mir gegenüber zum Ausdruck brachte, lautend: „Der Handel soll frei, das Spiel aber verboten sein", sollten diese Herren festhalten, resp. die Statuten der Liquidationskasse in diesem Sinne umarbeiten.

So viel ist gewiss, dass ohne Schädigung der Handels-Interessen im eigenen Lande — d. h. in Hamburg — der Anfang mit Beseitigung der gröbsten Auswüchse (Fakultäten- und Prämien-Geschäfte) gemacht, überhaupt das Börsenspiel verhindert oder eingeschränkt werden kann.

Geschieht in dieser Hinsicht nichts, so dürfte die Regierung doch über kurz oder lang genötigt sein, einzuschreiten, um eventuell analog der Reichsbank oder in anderer Form die Oberleitung der Waren-Liquidationskasse zu übernehmen, möglicherweise dieselbe zu verbieten; zu einem solchen Vorgehen würde sie indessen ohne Zweifel erst dann Anlass nehmen, wenn sie die Überzeugung gewinnt, dass ausser der nachgewiesenen Schädigung des Fachhandels auch das gesamte konsumierende Publikum durch die dermalige Einrichtung der Liquidationskassen beeinträchtigt wird, indem unter ihrer Leitung und ihrem Schutze Manipulationen möglich sind, welche eine unmotivierte Verteuerung der Ware herbeiführen.

Adolf Brougier.

Meisenbach.

Abbildung XVII. An

icht von Santos. (Seite 30.)

www.ingramcontent.com/pod-product-compliance
Lightning Source LLC
LaVergne TN
LVHW092105300926
849161LV00002B/40

* 9 7 8 3 4 8 6 7 2 6 0 5 3 *